(intel)

Microsoft

Meta

STARBUCKS

VUZIX

Walmart ✳

Google

STCO
WHOLESALE

BANK OF AMERICA

★macy's

KB095956

OpenAI

NIDIA.

amazon

Alphabet

MERCK

INTUITIVE

intel

Microsoft

∞ Meta

 STARBUCKS

VUZIX

 Walmart

Google

COSTCO WHOLESALE

BANK OF AMERICA

★ macy

OpenAI

 NVIDIA.

amazon

Alphabe

MERCK

INTUITIVE

intel

Microsoft

Meta

 STARBUCKS

VUZIX

Walmart

Google

STCO
HOLESALE

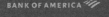 BANK OF AMERICA

macy's

OpenAI

IDIA.

amazon

Alphabet

MERCK

INTUITIVE

intel

Microsoft

∞ Meta

STARBUCKS

VUZIX

 Walmart

Google

COSTCO
WHOLESALE

BANK OF AMERICA

★ macy

 OpenAI

Apple

NVIDIA.

amazon

Alphabe

MERCK

INTUITIVE

다시 오는 기회,
미국 주식이
★ 답이다 ★

미국 로스쿨 교수가
20년간 미국 주식 시장을 관찰하며 깨달은 '10년 후' 시장

다시 오는 기회, 미국 주식이 ★ 답이다 ★

이주택(미국 럿거스 로스쿨 종신교수) 지음

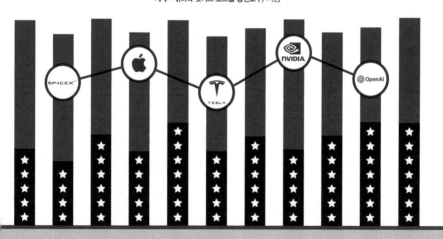

월요일의꿈

"그렇다, 여전히 미국 주식이 답이다"

2022년 10월, 이 책을 처음 낸 이후로 미국 주식은 S&P500 기준으로 50퍼센트 이상 상승했다. 나스닥을 기준으로 하면 70% 이상 상승했다. 4차 산업혁명을 이끌고 있는 엔비디아를 포함한 빅테크 기업들이 크게 상승했기 때문이다. 이 책의 초판이 나왔던 2022년이 미국 주식에 있어서는 4차 산업혁명과 관련된 주식을 싸게 (소위) '줍줍'할 수 있는 좋은 기회가 아니었을까 한다.

그러면 지금까지 이렇게 많이 상승한 미국 주식이 아직도 우리에게 기회를 주고 있을까? 앞으로도 계속 기회를 주며 상승할 것인가? 나의 답은 "그렇다, 여전히 미국 주식이 답이다"이다. 미국 주식은 2015년부터 시작된 4차 산업혁명의 완성기에 접어들고 있으며 북아메리카가 여전히 선두에 서 있다. 또한 자율주행, 로봇, 클라우드 서비스, 인공지능, 증강 현실, 양자컴퓨터, 우주 산업 등 2030년까지 계속해서 성장을 멈추지 않을 것으로 보인다.

이번 개정판에서는 지난 2년간 변화된 거시 경제 환경과 인공지능 및 자율주행을 포함한 4차 산업혁명 각 분야의 빠른 변화를 담아내고자 노력했다. 또한 지난 초판에서 다룬 회사들의 사업 상황도 함께 업데이트했다. 매출과 주당순이익은 물론이고 전반적인 업종의 변화도 함께 다루었다. 무엇보다도 2024년 1분기 현재의 적정 주가도 제시했다. 물론 이 적정 주가는 분기별 실적 발표에 따라 변동될 수 있다.

주식 투자의 성공에 있어 가장 큰 비밀이라고 한다면 시대에 맞는 좋은 주식을 찾는 안목과 적정 주가를 계산하는 능력, 그리고 그 가격보다 싸게 사서 안전 마진Margin of safety을 내려는 노력이라고 볼 수 있다. 독자들이 이 책에서 제시하는 좋은 주식과 적정 주가를 참고해서 인내심을 가지고 기다리며 적정 주가보다 싸게 사려는 노력을 한다면 좋은 수익을 낼 수 있으리라고 믿는다. 마치 시장에서 과일을 살 때 적정한 과일 가격을 기준으로 몇 퍼센트 할인하는가를 판단해서 더 싸면 '줍줍'하는 것처럼 주식 투자도 그렇게 하는 것이 가장 중요하다. 나비처럼 우아

하게 날다가 벌처럼 쏴야 한다.

명심할 것은 연어들이 강을 거슬러 원래의 상류 지점으로 돌아오듯이, 모멘텀이 아무리 좋은 주식도 결국은 식기 마련이고 그 회사의 펀더멘털에 따라 적정 주가로 회기한다는 전제가 흔들리면 안 된다는 점이다. 적정 주가 기준으로 몇 퍼센트의 수익을 냈는가를 판단해 열매를 따고 수익 실현을 하는 것은 중요하다. 물론 욕심을 조절하고 열매를 따는 것은 굉장히 어려운 일이고 고수의 영역이라고 볼 수 있다. 분할해서 따는 것이 중요한 이유이기도 하다. 열매를 따고 주가가 올라가더라도 돈을 잃지 않고 수익을 조금이라도 거두었다는 것에 만족하고, 다시 기회가 올 때까지 기다리는 것이 중요하다. 물론 나무 줄기와 뿌리를 남겨두며 적절하게 전략적으로 비중을 조절해야 한다. 예를 들면 10퍼센트 가져가기로 한 주식이 15퍼센트까지 비중이 늘어나면 5퍼센트 정도를 분할하여 따는 것이다. 행여나 단기 트레이드로 모멘텀을 쫓아가더라도 욕심을 버리고 적절히 수익 실현을 하고 빠질 수 있어야 한다.

　2024년 7월 현재, 섭씨 35도를 넘나들며 무더위가 맹위를 떨치고 있다. 이 책을 처음 쓴 2022년 8월, 한국에서의 안식년을 마치고 돌아온 이후 나의 일상에 큰 변화는 없었다. 나는 여느 때처럼 뉴저지의 집에서 새벽 6시에 일어나 리서치를 하고 장전 _{場前} 유튜브 라이브 방송을 한다. 낮에는 논문과 책을 쓰며 수업을 준비하고, 늦은 오후쯤 장이 마무리되면 시황방송을 녹화하여 유튜브에 올리고 저녁을 먹고 집안일과 정원 일을 조금 한다. 그리고 한국어와 한국문화를 잊지 않기 위해 한국 드라마를 조금 보다 밤 11시쯤이면 잠자리에 든다. 자유로운 삶, 유튜브를 통해 사람들과 사랑을 나누고 생산적인 삶을 살고자 하는 나와 신께서 늘 함께하시니, 비록 고독하지만 결코 외롭지 않은 삶에 행복이 한가득이다. 한국에 있는 가족들이 항상 건강하기를 기도한다.

인플레이션, 고환율, 고금리 시대 앞에서

책을 거의 마무리하고 있는 지금은 8월 중순이다. 파란 하늘에 흰 구름이 떠 있는 (보기에는 참) 좋은 날들이지만, 바람 한 점 없는 더위가 이곳 뉴욕 맨해튼 외곽의 조그만 도시 테너플라이 Tenafly에 계속되고 있다. 8월 중순이라 이제 더위가 가실 만한데 4시간 북쪽에 자리 잡은 보스턴보다는 더 오래가는 것 같다.

2018년까지 7년간 살던 보스턴을 떠나 허드슨강 근처에 터를 잡고 살기 시작한 지도 벌써 4년이 되었다. 전 세계의 문화가 풍부하게 잘 섞인 맨해튼과 한국인들이 많이 모여 살아 한국 문화가 잘 자리 잡은 뉴욕과 뉴저지는 한국인이 살기 정말 좋은 곳이다. 보스턴이 유서 깊은 유럽의 한 도시를 생각나게 한다면, 테너플라이는 빠르게 성장하며 분주하고 바쁜 곳이다. 바쁜 만큼 경쟁도 치열하고 약간은 정신없어 보이는 이곳에 나는 아직도 적응 중이다.

아내와 여섯 살 된 딸이 코로나19 사태로 한국으로 떠나간 지도 벌써 햇수로 3년째가 되어가고 있다. 다행히 올해(2022년) 상반기가 안식년이라 한국에서 오랫동안 머물며 함께 시간을 보냈다. 한국은 생각보다 빠르게 발전했고 청계천, 익선동, 북촌, 황리단길, 리조트, 글램핑, 카라반 등 가족과 함께 보고 즐길 것들이 옛날에 비하면 훨씬 많아졌다.

한국 나이로 마흔아홉, 100세 시대이니 이제 인생의 반을 살았다. 먼 훗날 지금을 돌아보면 인생의 황금기였다고 생각할지 모르겠다. 어질러진 거실 탁자에 앉아 푸르게 우거진 정원을 바라보며 나의 지난 20년간 미국 이민 생활과 투자자로서의 삶을 되돌아보았다. 책을 쓰는 내내 내가 겪었던 일들과 삶의 터전이 되어준 곳들, 그곳에서 만난 사람들을 떠올리다 보면 형언할 수 없는 감정들이 몰려와 가끔은 펜을 내려놓아야만 했다. 아련한 기억들이지만 아름다웠고 행복했기에, 다시는 돌아갈 수 없다는 생각에 낭만적이지만 애잔한 감정이 자주 일어나곤 했다.

이 책의 두 번째 장은 과거를 넘어서 현재에 들어서면서의 이야기이다. 지난 2년간 겪었던 코로나19 상황이 펼쳐진다. 가족을 한국에 보내고 생사의 갈림길에서 유튜브 방송 〈반교수tv〉를 운영하며 딸에게 삶과 투자 이야기를 마치 '유언'처럼 들려주던 시기의 기억을 담았다. 그리고 인플레이션, 고환율, 고금리, 정부의 긴축 정책이 펼쳐지는 지금 가장 적합한 투자는 무엇인가를 객관적인 눈으로 그려보고자 했다.

마지막 장에서는 앞으로 다가올 미래를 짚어보려고 했다. 삶은 참 미묘하고 복잡해서 그 앞이 안개 속처럼 불확실하게 보이고 한 치 앞도 예상하기 어렵다. 로버트 프로스트의 시 〈가지 않은 길〉처럼 특히 남들이 가지 않는 길을 걸을 때는 그 길이 자신을 어디로 이끌지 잘 모른다. 하지만 많이 생각하고 뚜렷한 목적을 가지고 길을 선택해 걷고 계획들을 세워놓고 긍정적으로 인내하며 걸어가면 그 선택한 길에서 크게 벗어나거나 실패하지 않고 행복한 결과를 내리라 생각한다. 행복한 삶을 위해 목적을 가지고 빛을 따라가다 보면 분명 인생은 후회 없는 아름다운 것이 될 것이다.

투자를 위해 요즘 연구 중인 '인공지능과 법'과 관련된 미래를 예상하며 어떤 산업의 어떤 기업들이 미래를 주도하게 될지도 보여주고자 한다. 불확실한 미래이지만 기술은 급격하게 발전하고 사회도 빨리 변화하고 있다. 변화하는 세계에서 기업들 또한 경쟁에서 살아남아 끊임없이 성장하고자 노력하고 있다. 이런 환경에서 잘 살아남아 계속해서 성장하며 투자자들에게 오른 주가와 배당으로 성공적인 결과를 가져다줄 기업들이 어디인지에 대해서 주관적이면서도 객관적인 이야기를 들려주고자 노력했다. 이 책을 통해 많은 이가 미국 사회와 회사에 관심을 가지고 투자하고 이를 통해 경제적 독립을 이루어 행복한 은퇴를 할 수 있기를 바란다.

CONTENTS

3장 **미래: 4차 산업혁명과 투자** ───

이 책은 과거, 현재, 그리고 미래로 구성되어 있다. 주식과 인생은 꽤 비슷하다. 나의 미국에서의 삶이 성장을 계속하며 현재에 이르렀고 또 앞으로의 미래를 꿈꾸듯, 내가 삶 가운데에서 겪었던 많은 회사도 함께 성장하며 화려한 현재에 이르렀고 앞으로 올 미래를 대비하고 있다. 또한 우리의 다음 세대들이 미래를 준비해가듯 새로운 성장 회사들이 등장하여 미래의 주도주로서 조금씩 발을 내딛고 있다.

2002년부터 지금껏 미국에서 이민자로서 정착해오며 겪었던 많은 기업과 앞으로 만나게 될 기업들을 과거, 현재, 미래라는 나의 인생의 시간 속에 그려내었다. 내가 좋아하는 회사들에 대한 대략적인 소개와 함께 재무제표상의 기본적인 매출, 이익, 성장, 밸류에이션에 대한 정보도 제공했다. 이런 사항들을 투자하기 전에 공부하면 효과적이다.

구체적으로 1장 과거 편에서는 2002년 스물아홉 나이부터 시작된 나의 미국 이민 생활에서의 시련과 성장과 정착의 과정을 보여준다. 그 속에서 겪었던 많은 미국 회사를 소개하고 나의 투자 이야기를 전개했다. 일상생활 가운데 만났던 이 회사들이 왜 투자 가치가 있고 아직도 가치주Value Stock로서 그 힘을 발휘하고 있는지를 보여주고자 했다. 또한 2002년부터 2020년 코로나19 사태 이전까지의 투자 상황 등을 그려내기 위해 노력했다. 벤저민 그레이엄Benjamin Graham처럼 현대 자본주의 시장의 효율성Efficient Market을 믿는 이들에게는 과거의 데이터와 정책적 상황이 현재에 크게 의미가 없을지 모른다. 하지만 적절하게 포트폴리오를 조정해가며 위험을 최소화하기 위한 대응 방식은 눈여겨볼 만하지 않을까 한다.

현대 포트폴리오 이론Modern Portfolio Theory을 따르는 나는 채권과 부동산 등의 안전 자산과 위험 자산 사이에 위험도인 베타β값을 조정하며 전략적으로 자산을 배분해왔다. 위험 자산을 다루는 뮤추얼펀드 중에서도 안전한 가치주와 위험한 성장주 사이에, 해외 주식과 미국 주식 사이에 위험을 적절하게 조절해가며 적립식으로 투자해왔다. 물론 401K와 403D 같은 세금 혜택형 은퇴 자산의 혜택도 보았다. 또한 통화 긴축이나 미·중 간의 갈등과 같은 시스템적 위험Systemic risk이 존재하는 경우에는 전술적 Tactical으로 섹터 로테이션Sector rotation을 통해 안전 자산의 비중을 높이며 대응하기도 했다.

2장 현재 편에서는 2020년 코로나19 사태 이후 변화된 나의 삶과 미국 금융, 경제 상황, 주식 시장 등을 보여주고자 노력했다. 지난 2년간 주식, 채권, 외환, 선물, 원자재 시장 등은 코로나19의 여파로 급격한 변화를 겪고 있고 인플레이션, 고금리, 고환율(역사상 유례없는 달러 가치)이 가계와 경제에 큰 위기를 불러오고 있다. 이 시기에 나는 어떻게 투자하며 대응하고 있으며 그 가운데에서도 내가 주목하고 있는 회사는 어디이며 그 속에서 적절한 포트폴리오는 어떠해야 하는가에 대한 생각도 짧게나마 보여주고자 했다.

마지막으로 3장 미래 편에서는 내가 생각하는 앞으로의 미래에 대해 논의했다. 2015년 보스턴에서 만났던 미래 기술들이 현재는 얼마나 발전하고 있고 이러한 기술들이 상업적으로 언제쯤부터 자리 잡을 수 있을지를 보여주고자 했다. 내가 전공하고 있는 4차 산업혁명과 인공지능의 미래는 어떤 모습을 할 것인지, 그 속에서 각광받고 잘 성장할 수 있는 산업 분야Sector와 기업들은 어디인지 소개했다. 인플레이션과 긴축의 시대를 살아가는 지금의 투자자들이지만, 포트폴리오에 방어적인 가치주뿐만 아니라 성장주를 조금이라도 포함시켜야 앞으로 10년 후에 더 밝은 은퇴를 기대할 수 있을 것이라는 판단에서 이러한 성장주들을 포함했다. 당장은 수익이 안 나는 기업들이지만 5년 이내로 수익을 낼 수 있고 지속적으로 성장하여 10년 후에는 텐 배거, 즉 10루타를 칠 수 있는 종목들이 아닐까 한다.*

---

* 참고로, 이 책은 나의 전작인 《딸아 주식공부 하자》와 함께 읽으면 이해가 더 잘 될 것이다.

1장

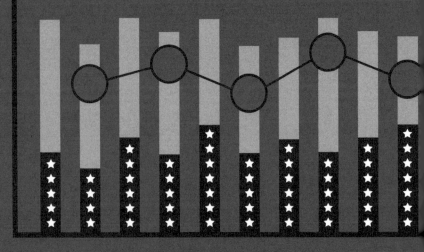

과거:
주식 입문기

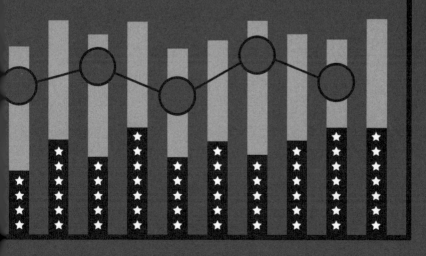

1998년에서
2002년까지 한국

　　대학교 4학년으로 넘어가던 1998년 겨울이었다. 국가 부도 위기를 가져왔던 IMF 사태가 터진 직후였고 아버지가 사업이 유난히 더 어렵다고 하소연하던(물론 아버지는 사업이 잘된다고 한 적이 없었다) 시기였다. 세상일에 크게 관심 없던 나는 고려대학교 과학도서관에 앉아서 외무고시 준비를 하고 있었다. 어느 날 같이 외무고시 공부를 하던 형들과 휴게실에서 시시콜콜한 이야기를 하며 휴식을 취하고 있었다. 한 학번 선배가 내게 자랑하듯 말했다. "너는 SK텔레콤 주식은 못 사지?" 그 순간 '못 사지'라는 표

현이 나의 자존심을 건드렸다. 당시 SK텔레콤은 한 주에 10만 원 정도였던 것으로 기억한다. 그리고 그때는 거래 단위가 기본 10주였던 때다. 수중에 100만 원이 없었던 나는 자극을 받았다. 또한 그 당시 고시 준비를 위해 미시, 거시 등 경제학을 학교와 학원에서 열심히 공부하고 있던 터라 주식을 해보는 것도 괜찮겠다는 생각이 들었다.

IMF 사태가 터지고 주식 시장은 코스피가 300대까지 밀릴 정도로 많이 떨어져 있었다. 마침 당시 과외 아르바이트를 많이 해서 그 무렵으로서는 꽤 큰 200만 원 정도의 수입이 있었다. 그때까지의 '플렉스Flex' 하던 방탕한 생활을 접고 돈을 아껴서 주식을 시작하고자 했다.

과외를 하러 압구정동을 자주 지나가던 때라 신한은행 지점에 계좌를 개설하러 갔다. 지금의 HTSHome Trading System나 MTSMobile Trading System가 없던 그때는 사람들이 객장 안에 빼곡히 모여 주식 전광판을 보며 열심히 종이에 매수, 매도를 적어 창구에서 주식 거래를 했다. 경마장이나 도박장에 온 것 같은 느낌이 들었지만 그러려니 했다.

부장급 정도로 보이는 나이 많은 직원이 다가와서 무슨 일로 오셨냐고 물었다. 아무 생각 없이 주식을 사서 투자하고 싶다고 대답했다. 그러자 대뜸 얼마나 있냐고 묻기에, "30만 원이 있습니다"라고 답했다. 당시 오토바이를 타고 싶어 70만 원짜리 125cc 크루즈 오토바이를 퇴계로까지 가서 산 직후라 현금이 많이 없었다. 그러자 그 '부장님'은 나를 얕보았는지 더 이상 묻지 않고, 저쪽 창구로 가서 계좌를 개설하고 주식을 사면 된다고 알려주었다. 무시당하는 느낌이 들긴 했지만 떨쳐내고 창구로 걸어가 돈을 내고 계좌를 열었다.

그리고 주당 1,000원 정도 하던 신한증권 주식을 샀다. 지금 생각하면 정말 많이 떨어져 있었다. 당시 현대증권과 삼성증권도 2,000~3,000원 정도였던 것으로 기억한다. 신한증권을 산 이유는 데카르트의 "나는 생각한다. 고로 나는 존재한다"와 비슷한 개념이었다. 당시 외환위기였는데 '모든 회사가 망해도 내가 계좌를 연 이 증권회사는 가장 마지막에 망하겠지' 하는 생각에서였다. 또한 주식 시장이 다시 살아나면 가장 먼저 올라올 것이 증권주라는 생각도 했다. 나중에 코스피 지수가 300대에서 900대로 올라갈 때, 그 주식은 3만 원대까지 올라갔고 나는 큰 수익을 올렸다.

하지만 그 이후에 500원이라 싸다는 이유 말고는 아무 근거 없이 막 샀던 상업은행은 '감자'가 되어 반 토막이 났고, 제2종 합금융회사였던 대한투자신탁은 부도가 나서 내 주식도 회사와 함께 사라져버렸다. IMF 때는 투자 위험이 정말 컸다. 망하거나 다른 회사에 인수되는 회사들이 참 많았다. 또 그 당시에 내가 알던 유일한 회사였던 삼성전자도 3만 원대(50 대 1 분할 전)에 샀는데, 1~2년간은 거의 오르지 않았다.

돌아보면, 그때는 회사의 재무제표가 어떤지, 수익이 어느 정도인지, 어떤 제품을 개발하는지, 현금흐름이 어떤지에 대해서는 전혀 모른 채 그저 투기성으로 투자하던 시기였다. 이후 컴퓨터에서 인터넷으로 거래가 가능해진 시점부터는 하루에도 몇십 번씩 사고팔며 단타 매매를 했다. 경제학 지식만 있었지, 그 누구에게서도 주식을 배우지 못했고 신문에 의존하거나 어깨너머로 뭐가 좋은지 정보만을 좇던, 한마디로 '맨땅에 헤딩'하던 시기가 이때가 아니었나 싶다.

어느덧 시간은 흘러 대학원에 들어가게 되었고 그사이에 진로 방향도 바꾸었지만, 주식은 계속했다. 2000년 초반에 코스닥이 한참 인기를 끌자 코스닥에 들어갔다. 그리고 고등학생 때부터 고시 공부를 할 때까지 한참 잘 썼던 엠씨스퀘어를 만들던 대양이엔씨의 주식을 샀다. 3배 정도로 많이 올라서 기분이 좋았다. 하지만 이 기쁨은 그리 길지 않았다.

2000년 후반 석사 논문 작성을 위해 주식 상황을 쳐다보지 않고 6개월 정도 내버려둔 적이 있다. 사람들은 이 시기를 '닷컴 버블'이라고 부른다. 그때는 그 누구도 닷컴 버블이 뭔지 몰랐다.

1995년부터 인터넷이 발달하고 마이크로소프트MS의 윈도가 나오고, 웹사이트와 다음Daum 같은 검색엔진들이 인기를 끌었다. 싸이월드 같은 소셜미디어 기업도 인기가 있었다. 수익도 많이 나지 않는 기술 기업들이 몇 주씩 상한가를 뚫고 올라가기도 했다.

그런데 내가 논문 준비를 한다고 방치해둔 시기에 그 버블이 터져버렸다. 내가 가지고 있던, 많은 수익을 냈던 코스닥 주식들은 모두 절반 이상 떨어져버렸다. 그나마 삼성전자와 포스코 주식으로 원금은 건질 수 있었다. 2001년 9월 11일에는 '셉템버일레븐(9·11)'이라 부르는 월드트레이드센터 테러 사건도 있었다. 결국, 2002년 미국으로 유학을 오면서 모든 주식을 팔아버렸다. 그런데 그 후 삼성전자는 100배 이상 올랐고, 난 가난한 유학 생활을 하는 내내 후회를 해야 했다.

2002년, 미국 유학 시기

미국 플로리다의 한 로스쿨로 진학했다. 미국 국제 변호사의 꿈을 꾸며 내디딘 첫발은 너무 설레었다. 2002년 월드컵도 마음껏 즐겼고 스물아홉 살 젊은 나이에 새로운 꿈을 꿀 수 있다는 사실에 너무 행복했다. 또 한 번 성장의 기회를 잡을 수 있어서 좋았고 넉넉지 않은 형편에도 미국을 꿈꾸게 해주신 부모님께 감사했다. 답답한 도시 서울의 빌딩 숲을 떠나 날씨 좋고 높은 건물이 없어 하늘이 커 보이는 플로리다로 떠나는 것이 참 좋았다. 자유롭고 이국적인 새로운 도시에서의 삶, 처음엔 정말 행복했다. 한국에서 고시 공부와 석사 학위 준비를 하며 나름대로 열심히 힘들게 살았지만, 미국 로스쿨이 더 큰 도전이었던 것은 사실이다. 하지만 그 삶이 싫지만은 않았다.

낯선 미국 친구들과의 새로운 만남, 자전거를 타고 넓은 캠퍼스를 가로질러 달릴 때의 상쾌한 기분, 스터디 그룹에서 영어 실력을 키우면서 느꼈던 뿌듯함, 방학이면 친한 한국 유학생들과 놀러 갔던 바닷가. 이 모든 새로운 것들이 좋았다. 대학 풋볼이 미국에서는 인기가 많은데, 내가 다니던 플로리다주립대 풋볼팀이 전국 우승을 몇 번이나 했던 터라 가을이면 무료로 풋볼 경기를 볼 수 있었던 것도 좋았고, '테일게이트Tailgate'라고 해서 여기저기 경기장 근처에서 바비큐를 즐기며 햄버거와 맥주를 즐기던 때도 행복했다. 가끔 갈 수 있었던 디즈니월드가 있던 올랜도Orlando와 비치Beach 문화가 잘 발달한 마이애미, 미국 최남단의 키웨스트Key West까지의 드라이브길, 코리아타운이 잘 형성된 애틀랜타Atlanta도 좋았다. 방학이면 11달러밖에 안 하던 학교 골프장에서 온종일 필드를 걸어 다녔던 것도 즐거웠다. 학교가 있던 플로리다의 주도 탤러해시Tallahassee 외곽에는 와쿨라 스프링스Wakulla Springs라는 수심이 200피트(약 61미터)나 되는 샘이 있었는데 이곳으로부터 와쿨라강이 시작된다. 타잔의 촬영지로도 유명한 이곳에 자주 들러 수영을 즐기기도 했다.

하지만 1달러에 800원 정도였던 환율이 IMF 사태로 인해 달러당 1,900원대까지 치솟았고 그 이후에도 1,300원대 정도를 유지했다. 고환율 여파는 나를 포함한 많은 유학생의 삶을 점점 피폐하게 만들었다. 한국에서 보내오는 매달 100만 원 정도의 돈은 집값, 전기세, 보험료 등 필수 비용을 내고 나면 200달러도 채 남지 않았다. 거기다 기름값을 제외하면 먹을 것을 줄여나갈 수밖에 없는 상황이 되었다.

돈을 아끼려고 자차 보험을 포기한 결과 차 사고가 난 이후에 차를 없애야 했고, 결국 2005년 무렵에는 1,000달러도 채 안 되는 1989년형 도요타 캠리Camry를 타고 다닐 수밖에 없었다. 1998년형 현대 쏘나타로 시작했던 나의 차는 잦은 사고로 인해 1995년형 쏘나타, 1992년형 폭스바겐 제타Jetta 등으로 점점 다운그레이드되었다. 지금도 그렇지만 서민들이 타는 차 중에 미국에서 가장 인기 있는 것은 도요타와 혼다인데 5년이 안 된 차들은 당시 5,000달러가 넘었다. 감히 엄두도 못 내었다. 혼다 중형차인 어코드Accord를 타고 다니던 미국 친구가 부자처럼 보일 때도 있었고 혼다 시빅Civic 신형 차를 몰고 다니던 유학생들도 잘 사는 것처럼 보였다. 렉서스를 타는 어학 연수생들을 보면 다른 세계 사람들처럼 보였다. 2005년에 로스쿨 졸업식에 맞추어 미국에 오신 부모님이 가난하게 살던 나를 보며 2000년형 현대 액센트를 3,000달러에 사주셨는데 나중에 돈이 없어 그마저도 팔고 아는 선배가 1,500달러의 헐값에 넘긴 1995년형 도요타 코롤라Corolla를 몰던 기억도 난다. 그래도 1989년형 도요타 캠리와 1995년형 코롤라는 잔 고장 없이 잘 굴러다녔다.

★★★ 미국 중고차? ★★★

나중에 직장을 잡고 생각한 건데 싼 중고차보다는 보증Warranty도 있고 잔 고장 없는 새 차나 딜러 숍(정식 매장)에서 파는 2년 정도 된 검증된 중고차Pre-owned가 종잣돈을 모으는 데는 더 도움이 되는 것 같다. 미국은 인건비가 비싸서 차 수리비가 많이 나오기 때문에 내 경우에서처럼 잔 고장이 많은 차는 가난을 더욱 악화시키는 요인이 된다. Cars.com이나 Edmunds.com 등의 웹사이트에서 좋은 중고차 정보를 구할 수 있고, 켈리블루북Kelly Blue Book, KBB을 방문하면 적정 가격을 알아볼 수 있다. 상장된 중고차 전문 회사 카맥스Carmax가 중고차를 거래하는 데 가장 좋은 것 같다. 카팩스Carfax 같은 곳에 차 고유 번호인 VINVehicle Identification Number을 넣으면 사고 등 차와 관련된 역사를 모두 볼 수 있다. 미국 중고차 딜러들은 원체 거짓말을 잘하는 것으로 알려져 있고, 몇 시간씩 사람을 잡아놓고 가격 흥정을 하는 것으로도 유명하다. 미리 잘 알아보고 가격을 흥정해야 한다.

그렇게 유학 생활 내내 가난은 계속되었다. 너무 가난해서 힘들었다. 운전하며 가다가 신께 "왜 나를 버리셨습니까" 하고 묻기도 했다. 그래도 포기할 수는 없었다. 버텨야 했다. '어떻게 시작했는데….' 한국에 빈손으로 돌아가면 부모님 뵐 낯이 없었다. 아직은 젊다는 게 그래도 희망이었을까. 미국에서 가난하면 줄일 수 있는 게 먹는 것과 기름밖에 없었다. 웬만하면 하고 싶은 것을 줄이고 필요한 것만 샀으며 외출을 최대한 자제했다. 미국은 한국보다 음식값이 비쌌다. 옷과 같은 재화는 할인 매장도 많고 중고도 많이 팔기 때문에 싸게 살 수 있지만, 음식은 싸게 살 수 없었기에 덜 먹는 것밖에는 방법이 없었다.

미국에서 가난한 유학생들은 음식을 포함해 생활에 필요한 모든 것을 싸게 파는 월마트Walmart가 없으면 아마 살기 힘들 것이다. 월마트는 어딜 가나 줄이 길게 늘어서 있을 정도로 많은 사람이 찾는다. 월마트 중에서도 '슈퍼 월마트'라고 불리는 곳에서 음식을 팔았다. 유기농과 아주 신선한 식품을 기대하긴 힘들어도 웬만큼 괜찮은 음식과 가공품을 싸게 살 수 있다. 한국의 농심도 이곳에 입점해 있어서 조그만 한국 슈퍼마켓밖에 없던 시골에서도 사발면과 라면, 새우깡을 싸게 구할 수 있어서 다행이었다. 자전거 등의 스포츠 레저용품, 화장지나 청소도구 등 생활용품, 책상, 의자, 학용품, 컴퓨터, TV, 카메라, 장난감과 심지어는 관상용 물고기까지 파는, 없는 게 없는 종합 매장이었다. 한국의 이마트나 홈플러스를 연상하면 된다. 추수감사절Thanksgiving Day 다음날인 블랙프라이데이Black Friday 때는 큰 규모의 특별 할인을 하는 날이다. 유학생을 포함한 많은 미국 학생이 노트북과 전자 제품 같은 고가 상품을 이날 싸게 살 수 있었다. 미국은 밤에 영업하는 곳이 많지 않은데, 갈 곳이 없을 때는 24시간 영업하는 월마트에서 밤에 데이트도 하곤 했다.

주목할 미국 기업

★★★ 월마트 ★★★

애리조나주 벤턴빌Bentonville에 본부 주소를 두고 있는 월마트는 1만 500개의 매장을 소유하고 있어 미국 웬만한 도시에는 다 들어가 있는 필수 소비재Staples 회사이다. 월마트는 미국 중산층과 저소득층이 필요로 하는 기본적인 것들을 팔기 때문에, 만약 월마트에서 장사가 안된다고 하면 이는 미국 중산층과 저소득층에 심각한 침체가 있다는 것을 보여주는 셈이다. 메이시스Macy's나 노드스트롬Nordstrom 같은 백화점이 장사가 안되는 것은 그냥 경기가 안 좋아서 그렇겠지만, 월마트가 장사가 안된다면 미국 경기에 심각한 침체가 왔다고 볼 수 있다. 경기가 안 좋아지면 중산층도 돈을 아끼려고 월마트를 이용하게 되는데, 그런 월마트가 장사가 안된다는 것은 정말 심각한 문제인 것이다.

소매, 도매, 이커머스를 미국, 캐나다, 멕시코, 중앙아메리카, 중국, 칠레 등 전 세계적으로 운영하고 있다. 월마트 미국, 월마트 인터내셔널, 샘스클럽Sam's Club 등 세 분야로 나뉘어 운영하는데, 월마트 미국은 월마트닷컴

Walmart.com과 월마트 네이버후드 마켓 브랜드Walmart Neighborhood Market Brands를 포함한다. 필수 소비재 경쟁 업체로는 타깃Target, 달러트리Dollar Tree 등이 있다. 달러트리는 물건이 매우 싸기 때문에 빈곤층이 주변에 많이 사는 편이다. 극빈곤층들은 대부분의 제품을 1달러 미만으로 파는 달러 숍Dollar Shop에 자주 간다. 그에 비해 타깃은 조금 더 가격이 비싸고 아마존이 소유한 홀푸드 마켓Wholefoods Market 같은 신선 식품 회사는 이보다 가격이 더 비싼 편이다.

월마트는 2024년 8월 현재 연 매출 6,573억 달러, 순이익 196억 달러나 되는 큰 회사이다. 총자산은 2,545억 달러에 달한다. 현재 PER은 30.09로 동종 업계 평균 16.76보다 높다. 매출 성장은 5.68%로 동종 업계 2.50%보다 높다. 총마진율은 24.50%로 동종업계 35.36%보다 낮다. 운영 현금은 354억 달러로 높아졌다. 2024년 8월 현재 월마트의 적정 주가는 50달러이다.

블랙프라이데이 때 인기 있는 또 다른 곳이 베스트바이Bestbuy이다. 사람들은 평소에는 월마트를 즐겨 찾다가도 TV나 컴퓨터, 세탁기, 냉장고 같은 제품들은 좀 더 품질 좋고 수량이 많은 베스트바이에서 싸게 사려고 한다. 요즘은 추수감사절인 목요일(미국 추수감사절은 11월 넷째 주 목요일이다) 저녁부터 문을 열어서 블랙프라이데이라는 말이 무색해졌지만, 그 당시에는 금요일 새벽 5시에 문을 열었기 때문에 블랙프라이데이라고 불렸다. 미국에서 품질 좋은 컴퓨터나 휴대폰, TV 등 전자 제품을 살 만한 곳으로는 베스트바이가 최고이다. 타깃과 월마트 등에서도 이런 제품들을 팔지만 전문적이지는 않다는 인식이 많다. 냉장고, 오븐 같은 주방 기기들Appliances은 시어스Sears 백화점이나 홈디포, 로우스 같은 대형 철물점에서도 팔지만, 나는 개인적으로 베스트바이를 선호했다. 보증이나 할인 폭, 애프터서비스 면에서 더 낫다고 생각했기 때문이다.

주목할 미국 기업

★★★ 베스트바이 ★★★

베스트바이는 미국과 캐나다에서 기술 제품을 파는 소매 업체이다. 데스크톱과 노트북 그리고 그 주변 기기를 포함한 컴퓨터 제품을 팔며 휴대폰을 사거나 개통할 수도 있다. 또한 공유기, 태블릿, 스마트시계, 카메라, 건강 보조 기구, 홈시어터, 헤드폰, 스피커, 식기세척기, 세탁기, 드라이기, 오븐, 냉장고, 믹서기, 커피메이커, 청소기, 드론, 게임기, 각종 소프트웨어와 DVD 등도 판다. '긱스쿼드Geek Squad'라는 곳에서 보증 기간 내에 고장 난 제품을 수리해주며, 상담, 온라인 판매, 배달, 설치, 멤버십, 신용카드Credit card 등 다양한 서비스도 제공한다. 2022년 8월 현재 1,144개의 매장이 있고 미네소타주 리치필드에 본부가 있으며 1966년에 설립되었다.

베트스바이는 2022년 10월 현재 아마존 같은 전자상거래 기업에 의해 위협받는 상황이다. 마진율은 22.21%로 동종 업계 평균 36.67%보다는 적게 나오지만, ROTCReturn on Total Capital가 23.15%로 동종 업계 평균 7.13%보다 높다. 2022년 8월 현재 PER은 8.58이고 앞으로는 13.23 정도로 예측된다. 2022년 코로나19가 끝나가며 매출이 감소하고 인플레이션과 공급 문제가 생겨 2023년 가이던스를 낮춘 상태이다. 2022년 현재 매출은 517억 달러 정도이며 순이익은 24.5억 달러 수준이다. 분기별로 지급하는 배당률은 연 4.38%이다.

2024년 8월 현재 마진율은 22.22%로 유지하고 있으며, 동종 업계 평균 37.01%보다는 적게 나오지만, ROTC가 15.89%로 동종 업계 평균 6.26% 보다 높다. 보통주이익률Return on Common Equity(TTM)은 42.31%로 올라왔다. 주당순이익은 5.11달러로 2025년 6.12달러, 2026년 6.77달러, 2027년 7.79달러로 예상된다. 현재 PER은 15.07이고 앞으로는 12.08 정도로 예측된다. 현재 매출은 428억 달러 정도이며 순이익은 12.4억 달러 수준이다. 분기별로 지급하는 배당률은 연 4.39%이다. 2024년 2분기까지의 베스트바이의 적정 주가는 70달러 정도이다.

블랙프라이데이에 꼭 들리는 곳 중에는 JC페니JCPenney백화점과 메이시스가 있었다. JC페니는 와플 기계나 커피포트 등을 10달러 정도로 싸게 팔았고, 메이시스에서는 청소기나 침구류, 수건 등을 싸게 팔았다. 나중에 2020년 코로나19 사태로 매출이 급감하면서 JC페니는 파산 신청을 했지만, 메이시스는 온라인 진출 등 매출을 다각화하며 잘 버텼다. 메이시스는 우리 부부가 지금까지도 그릇이나 냄비, 요리 기구와 침구류, 가방, 화장품 등을 쇼핑하러 자주 가는 곳이다.

★★★ 메이시스 ★★★

메이시스는 임의 소비재로 분류되는 백화점 브랜드이며 오프라인 상점과 웹 사이트, 모바일 앱 등을 통해 다양한 상품을 판다. 메이시스, 블루밍데일스 Bloomingdale's, 블루머큐리Bluemercury 등 3개의 브랜드를 가지고 있으며 남성·여성·유아·아동용 옷과 액세서리, 화장품, 가정용 가구 같은 소비자 제품들을 판매한다. 백화점 쪽 경쟁자는 콜스Kohl's, 벌링톤스토어Burlington Stores, 딜라즈Dillard's 등이 있다. 같은 계열의 고급 백화점인 블루밍데일스의 경쟁 업체로는 삭스SAKS Fifth Avenue, 노드스트롬, 니만마커스Neiman Marcus 등이 있다.

메이시스는 1830년에 세워진 유서 깊은 백화점이며 뉴욕 맨해튼 34번가에 본부를 두고 있고 2022년 1월 현재 725개 매장을 보유하고 있다. 코로나19 사태로 2021년 매출이 잠깐 흔들렸지만 2022년에는 251억 달러로 예년 수준을 회복할 것으로 보인다. 2022년 10월 현재 순이익은 16억 달러를 기록했다. 2022년 주당순이익은 5.38달러이다. 배당은 연 2.98%로 1월, 4월, 7월, 11월에 분기별로 지급한다. PER은 3.49로 동종 업계 평균 12.34보다 낮으며 2022년 예상 매출 성장률은 31.05%이며 앞으로도 연 12.28%씩의 증가가 예상된다. 마진율은 41.8%이다.

2024년 현재 아크하우스·브리게이드Arkhouse and Brigade Capital에서 인수를 추진하며 주가가 반등했다. 2024년 1분기 현재 주당순이익은 3.48달러이며, 2025년에는 2.79달러, 2026년에는 2.72달러, 2027년에는 2.64달러로 줄어들 것으로 예상된다. 매출은 236억 달러이다. 배당은 연 3.69%로 1월, 4월, 7월, 11월에 분기별로 지급한다. PER은 5.90으로 동종 업계 평균 14.29보다 낮으며 2024년 예상 매출 성장률은 −3.37%이다. 마진율은 40.48%이다. 메이시스의 적정 주가는 18달러 정도이다.

한국에서 보내오던 돈도 거의 끊길 무렵인 2006년 이후에는 룸메이트를 구해 이집 저집 돌아다니며 전전긍긍하기도 했다. 선배가 사는 학교 아파트에 몇 개월 동안 월 150달러만 주며 얹혀 살던 때도 있었다. 그래도 플로리다 집세는 보스턴이나 뉴욕보다 많이 싼 편이었다. 2006년 당시만 해도 학교 아파트는 방 하나에 월 340달러, 2개에 월 500달러 정도였고 일반 아파트도 방 하나에 월세 500달러 정도면 구할 수 있었다. 조금 고급스러운 아파트도 방 하나에 900달러, 방 2개에 1,200달러 정도로 싼 편이었다. 현명하게 집을 사서 유학하는 사람들도 있었는데 집 공급이 부족한 플로리다 행정 수도 탤러해시에서도 20만 달러 정도면 방 3개에 학군 좋고 안전한 지역에 좋은 집을 살 수 있었다. 이 집을 샀다가 2008년 서브프라임 모기지 사태 이전에 팔았다면 아마도 30만 달러 정도까지는 받을 수 있었을 것이다. 2008년에 마이애미로 이사하니 사우스마이애미South Miami의 안전한 지역의 방 2개짜리 아파트 월세가 1,400달러 정도였는데, 2년 후 보스턴으로 이사 가니 2,000달러 정도였다.

★★★ 2024년 미국 집값? ★★★

2022년 8월부터 2024년 8월까지 미국 집값은 평균 5~15% 정도 올랐다. 캘리포니아주의 산호세, 샌디에이고, 매사추세츠주의 보스턴, 뉴욕 시티 근처는 10~20%까지 상승했다. 이제는 안전하고 학군 좋은 곳은 방 3개 주택 집값이 100만 달러를 훌쩍 넘어버렸다. 이는 7% 가까이 되는 모기지 금리에 집 소유주들이 집을 내놓지 않고 있는 데다, 새 주택의 공급도 부족하기 때문이다. 2024년 9월부터 기준 금리가 내려가는 상황에서, 12월부터는 주택가격이 안정화되고 2025년부터는 낮은 금리로 적절한 집을 살 수 있는 기회가 오지 않을까 예상한다.

아메리칸드림을 가지고 왔지만, 미국은 절대 호락호락하지 않았다. 취직했던 로펌은 비자 스폰서Sponsor 문제로 그만둘 수밖에 없었다. 2006년 4월 학생 비자의 OPTOptional Practical Training(미국에서 학생 비자를 받고 공부하는 학·석·박사 과정 유학생들에게 임시로 전공과 관련된 분야에서 취업할 수 있는 노동 허가를 해주는 제도) 기간이 끝나면서 로펌에서 암담하게 걸어 나오던 기억이 아직도 생생하다. 한국에 있었으면 좋은 대학 나오고 인맥도 좋고 언어가 잘 통하는 곳에서 독립할 때까지 부모님과 함께 지내면서도 쓸데없이 유학비 탕진하느라 부모님 노후에 피해도 안 입혔을 텐

데, 왜 유학을 와서 이 고생을 하고 있나 하고 스스로 한탄할 때도 있었다. 늦게 유학 와서 4년이 지나도록 늘지 않는 영어와 돈은 돈 대로 쓰고 아이비리그 같은 명문대도 못 나오고, 변호사 시험은 합격해 변호사는 되었지만 이민 비자 문제 등으로 미국에서의 앞길이 막히니 후회가 밀려올 때가 많았다. 그냥 뉴욕 변호사 자격증 따서 한국으로 돌아가 회사 법무팀에서 일해볼까도 생각해봤지만, 당시 여자친구(지금의 아내)도 공부가 덜 끝난 상태였고 이대로 그냥 포기하고 돌아가는 게 참 싫었다.

결국 비자 유지를 위해 학교로 돌아가기로 하고 GRE Graduate Record Examination(대학원 입학 자격시험) 공부를 해서 IT 정보학 석사 과정에 들어갔다. 당시 학장님을 꾸준히 찾아가 졸라서 티칭 조교 Teaching Assistant가 되어 등록금 면제에 매달 1,000달러씩 장학금을 받으면서 2008년까지 견뎠다. 이 당시 나이가 서른셋. 직장도 없이 아직도 학교에 남아 있는 것이 서글프기도 했지만, 인생의 막힌 길 앞에서 5년 정도 멀리 보고 다시 시작한다는 마음으로 열심히 공부했다. '새로운 전공이 내게 다시 길을 열어주겠지' 하는 마음이었다. 웹 디자인, 네트워크, 정보 조직, 통계, 프로젝트 매니지먼트 등을 새롭게 배울 수 있는 귀한 시간이었고 결국이 공부가 나를 마이애미대학의 교수로 이끌어주었다.

가난했던 탤러해시 유학생 시기에 주식 투자는 꿈도 꿀 수 없었다. 하루하루 먹고살기에도 바쁜 시기였다. 한국에서 팔고 온 삼성 주식이 몇백만 원까지 올라간 것을 보며 마음 아파하기도 했다. 그냥 내버려두고 왔으면 100배 가까이 올랐을 텐데, 후회도 많이 생겼다. 돈이 없던 그때는 한국에서 주식하던 때가 자주 떠올랐다. 초기에 투자금을 과외비에만 의존해서 너무 적게 들고 간 것도 후회로 남았다.

부모님께 이야기해서 최소 1,000만 원이라도 투자했으면 신한증권이 30배 정도 오르면서 3억 원 정도는 벌었을 것이고, 코스닥으로 넘어가서는 3배 이상의 수익을 냈으니 9억 원 정도는 벌었을 테다. 그리고 논문 쓴다고 가만히 내버려두지 말고 다 팔고 그 돈으로 자주 가던 고속버스터미널 근처의 당시 싸게 나왔던 아파트나 하나 샀으면 많이 올랐겠지, 그러면 이렇게 유학 나와서 고생할 필요도 없었을 텐데 하면서 말이다. 부질없는 상상이라는 것을 알면서도 가난의 시간 속에서는 자꾸 후회가 밀려왔다. 그래서 초기 투자를 할 때는 종잣돈을 미리미리 만들어놓는 것이 중요하다는 생각을 하게 되었다. 30만 원이 아닌 1,000만 원이라도 종잣돈을 만들어놓았다면 기회가 왔을 때 제대로 투자해서 많은 수익을 낼 수 있었을 것이다.

평소에 쉴 곳이 없던 나는 학교 기숙사 아파트 뒤편에 있는 학교 골프장 옆 연습장에 자주 가곤 했다. 돈은 없었지만, 탁 트인 전망에 연습용 그린과 벙커가 잘 만들어진 그곳에서 칩샷이나 퍼팅 등을 공짜로 연습할 수 있었고 저녁이면 연습을 나오는 한국 유학생이나 주재원, 교환 교수, 직장인들과 많은 대화를 나눌 기회가 있었기 때문이다. 실제로 이 루트를 통해 법률 케이스가 들어온 경우도 있었고 회사를 설립해주고 계약서를 작성해주는 등의 일을 해주며 생활비에 도움을 받았다. 또한 미국 내 부동산이나 사업체 인수, 적금이나 투자에 관한 이야기도 많이 나눌 수 있었다. 플로리다에 살면서 워싱턴DC에 집을 사서 세를 주는 분도 있었고 플로리다 탤러해시에서 많은 건물과 사업체, 사인Sign(간판을 모아놓은 것) 등을 소유하고 있는 한국인 부자도 있었다. 몰Mall 앞에 있는 사인을 소유해서 돈을 벌 수 있다는 것도, 주차장을 사서 수익을 낼 수 있다는 것도 그때 알게 되었다. 식당이나 세탁소, 수선집, 휴대폰 매장, 가발 가게 등을 운영하는 교포 사장님들과도 대화를 많이 할 수 있었다. 나중에 변호사가 되고 난 이후에는 그 동네의 유일한 한국인 변호사로서 사업체 매매도 도와드리곤 했다. 미국 내 창업이나 부동산 투자에 대해서는 이때 많이 배웠다. 직장을 구하면 빨리 돈을 모아 집을 하나 장만해야겠다는 생각도 이때부터 하게 되었다.

가난한 유학 생활 중에도 나를 위한 작은 사치는 있었는데, 스타벅스에서 커피를 마시는 것이었다. 플로리다는 워낙 더워서

데이트를 하더라도 커피숍이나 몰 같은 실내를 찾았다. 그래야 시원하게 보낼 수 있기 때문이다. 한국에서는 자판기 커피만 마셨던 터라, 한국 마트에서 맥심 커피 믹스를 사서 마시든가 그마저 없으면 월마트에서 맥심 커피와 프림, 설탕을 사서 1:1:1 비율로 직접 타서 마시곤 했다. 그래서인지 데이트할 때 스타벅스에서 모카프라푸치노나 달콤한 아이스커피 한 잔을 마시면 기분도 좋아지고 굉장히 특별하게 느껴졌다. 유학생들 사이에서 스타벅스는 스타를 따서 '별다방'이라고 불렸다. 남부 캠퍼스 타운에 시애틀 스타일의 모던한 스타벅스가 있다는 것만으로도 다행이었다는 생각이 든다. 보스턴과 뉴욕 맨해튼 근처에 살면서는 블루보틀Blue Bottle 같은 정말 맛있는 커피숍과 로스터들도 많이 접했지만, 그때 당시에는 스타벅스 하나만으로도 만족했다. 지금도 대도시 이외에는 스타벅스가 가장 대중적이고 맛있는 커피숍이 아닐까 한다. 한국과 다르게 미국 스타벅스는 커피를 드립해서 만드는데 내가 좋아하는 파이크 플레이스Pike Place(스타벅스 원두의 한 종류)를 포함해서 맛이 괜찮은 편이다.

★★★ 스타벅스 ★★★

스타벅스Starbucks, Sbux는 커피 체인점으로 커피 원두를 볶기도Roaster 하고 팔기도 하며 컵과 기념품 등 다양한 소매 산업도 한다. 스타벅스는 북아메리카팀과 국제팀, 그리고 채널 개발팀의 3개 팀으로 구성된다. 스타벅스에서는 커피, 차, 볶은 커피 원두, 음료수, 페이스트리와 아침·점심용 샌드위치 등을 판다. 상표권Trademark을 통해 라이선스를 주기도 한다. 스타벅스, 티바나Teavana, 시애틀스 베스트 커피Seattle's Best Coffee, 에볼루션 프레시 Evolution Fresh, 에토스Ethos, 프린시Princi 등을 통해서 제품을 판매하기도 한다. 2021년 10월 현재 1만 6,826개의 매장을 북아메리카에서 운영 중이며 국제적으로는 1만 7,007개의 매장을 운영하거나 라이선스를 주고 있다. 1971년에 워싱턴주 시애틀에서 설립되었고 현재 본부도 그곳에 있다. 고용 직원은 총 38만 3,000명이다.

스타벅스는 2022년 8월 현재 지난 12개월간 299억 달러의 매출을 올리고 있고, 순이익은 41억 달러를 기록하고 있다. 2022년 9월 현재 주당순이익은 2.87달러이다. 매출은 2023년 354.9억 달러이다. 2024년 8월 현재, 주당 순이익은 3.65달러로 상승했으며, 매출은 365억 달러로 상승했다. 배당은 연 3.14%로 분기별(2월, 5월, 8월, 11월)로 지급된다. PER은 현재 19.92로 동종 업계 평균 14.29보다 높으며, 현재 매출 성장률은 17.94%, EBITDA(상각 전 영업이익) 성장률은 16.63%를 기록하고 있다. 총마진율은 7.45%로 코로나19 이전의 30%보다 낮고 동종 업계 평균 2.32%보다 높다. 순이익 마진은 11.38%로 동종 업계 평균 4.78%보다 높다. 운영 현금은 65.3억 달러를 보유해서 동종 업계 평균보다 높은 편이다.

2022년 8월 현재 중국의 경기 둔화와 코로나19 봉쇄 조치 등으로 40% 정도 매출이 급감했고 미국 내 노동조합 설립 문제 등으로 임금 인상 이슈가 존재한다. 2024년 8월 현재에도 중국의 경기가 잘 살아나고 있지 않고, 강달러의 영향으로 매출이 잘 증가하고 있지 않다. 중국 외에는 전 세계적으로 매출이 꾸준히 증가하고 있는 편이다. 스타벅스의 북아메리카 식음료 매출이 2021년 대비 19%나 증가했다는 것은 놀라운 일이다. 2025년 매출은 399억 달러로 8.60% 증가할 것으로 예상되고, 2026년에는 433억 달러로 8.53% 증가하고, 2027년에는 473억 달러로 9.20% 증가할 것으로 예상된다. 주당순이익도 따라서 2025년에 4.12달러, 2026년에 4.66달러, 2027년에 5.31달러로 증가할 것으로 보인다. 스타벅스의 2024년 2분기 현재 적정 주가는 70달러 정도이다.

2008년,
새로운 시작

2008년 여름, 겨울 졸업을 앞두고 인터뷰를 본 마이애미대학으로부터 교수직으로 잡 오퍼 Job offer(일자리 제안)를 받았다. 새로운 고민을 하고 진로를 바꾼 지 2년 반 만에 직장을 구한 것이다. 이때 나이가 서른다섯이었다. 여름에 계약하고 취업 비자도 무사히 받고 2008년 말부터 일하게 되면서 처음으로 안정적으로 돈을 벌 수가 있었다. 혹시 몰라 매년 교육도 받고 변호사비도 내면서 변호사 자격증은 계속 유지했고 간간이 한국분들도 도와주곤 했다. 나중에 보스턴으로 옮겨 가면서 플로리다 자격증을 매사추세츠 자격증으로 옮겨 변호사 활동도 계속할 수 있었다.

마이애미는 올랜도, 탬파Tampa, 잭슨빌Jacksonville과 함께 플로리다에서 가장 큰 도시 중 하나였다. 대서양을 따라 팜비치Palm Beach에서 포트로더데일Port Lauderdale을 거쳐 마이애미까지는 미국 전역에서 온 부자들과 은퇴한 사람들이 별장을 짓고 모여 사는 곳이다. 플로리다 다른 지역의 미국 남부 문화와는 다른 남미와 북미의 여러 문화가 공존하는 다양한Cosmopolitan 문화를 가지고 있다. 가끔 마이애미 비치 쪽으로 밤에 드라이브를 나가서 링컨로드Lincoln Road를 따라 걷곤 했는데, 아기자기한 이색적인 상점과 갤러리, 음식점들이 모여 있어 걷는 것만으로도 기분이 좋아지고 행복했다.

또한 마이애미는 공항과 항구를 통해 남미로 가는 교두보로 무역의 중심지 역할을 한다. 쿠바, 아르헨티나, 포르투갈 사람 등 인구의 70% 이상이 스페인어를 쓰는 히스패닉이었고, 스페인어를 하지 못하면 대화가 안 되는 상황이 종종 일어나곤 했다. 이곳에서도 5,000여 명의 한국인들이 모여 살았고, 탤러해시와는 다르게 대형 한국 식품점과 식당들도 있었다. 자리 잡은 한국인 사업가들이 많았다. 이들은 주로 무역업에 종사하며 큰 집과 좋은 차를 소유하고 PGA 선수권 대회가 열리는 도랄Doral Golf

Club 같은 곳의 골프 회원권도 가지고 여유롭게 살고 있었다. 가톨릭 신자인 나는 당시 교회 미사와 모임 등을 통해 이들을 많이 만날 수 있었고 그들의 의류, 산업 장비 등의 무역과 투자에 관한 이야기도 들을 수 있었다. 특히 같은 의류라 하더라도 월마트와 JC페니 같은 백화점, 당시 유행하던 상장 기업인 어번아웃피터스Urban Outfitters의 앤트로폴로지Anthropology 같은 곳에 납품하는 것 사이의 차이에 대해 들을 수 있었다. 앤트로폴로지는 디자인과 품질이 좋은 옷을 팔지만, 매장이 200개밖에 되지 않았다. (당시 월마트는 1만 개 이상의 매장을 가지고 있었다.) 그래서 의류 납품의 수익성이 낮을 수밖에 없다.

마이애미대학에서 일하기 직전인 2008년 9월에 미국을 비롯한 전 세계 시장에 영향을 미칠 큰 사건이 터졌다. 리먼브러더스Lehman Brothers 사태였다. 당시 신문 1면에서 리먼브러더스 투자은행이 파산했다는 기사를 본 기억이 아직도 생생하다. 세상일에 크게 관심이 없던 내가 알 정도로 큰 사건이었다. 2008년 9월 15일의 사건인데 일명 '서브프라임Subprime 모기지 사태'라고도 불린다. 은행들은 갚을 능력이 안 되는 사람들이 집값의 20%도 안 되는 돈만 갖고도 집을 사게 모기지를 제공했다. 리먼브러더스는 이 모기지를 기반으로 3배 이상의 레버리지 투자를 하다가 사람들이 돈을 못 갚자 연쇄적으로 부도를 맞은 것이다.

투자은행인 리먼브러더스의 신용 등급이 떨어지자 연방준비위원회는 몇몇 은행들을 소환해서 구조 조정을 요구했다. 하지만 이 협상은 실패했다. 리먼브러더스는 소위 '챕터 일레븐(파산법 11장)' 파산 신청을 했고, 그 결과 6,000억 달러가 넘는 자산이 관여된 미국 역사상 가장 큰 파산 사건이 일어났다. 그때 다우지수는 2001년 9·11 사태 이후 처음으로 하루 4.5%의 가장 큰 폭락을 했다. 리파이낸싱Refinancing 등 올라간 집값을 담보로 많은 돈을 빌려주었던 은행들과 제2금융권, 리먼브러더스와 거래했던 많은 헤지펀드와 회사들이 영향을 받았다. 리먼브러더스의 파산과 함께 이들 기업은 도미노처럼 무너져갔다. 리먼브러더스는 '허드슨캐슬'이라는 페이퍼 컴퍼니에 자산을 숨겨왔고 파산 직전에도 운영진들이 높은 임금을 받았던 것으로 드러났다.

이 사건은 주식 시장뿐 아니라 미국 전역의 자산 시장에 직간접적인 영향을 미쳤다. 100만 달러가 넘던 마이애미 코럴게이블즈Coral Gables의 집값은 3분의 1 가격으로 폭락했다. 모든 직장은 채용을 동결하고 월급을 삭감하고 직원들을 해고했다. 또한 당시 1만 3,000대인 다우지수가 7,000선까지 떨어졌다.

그때 나는 그냥 내가 운이 좋다고 생각했다. 돈이 없어 잃을 것도 없었고 영어도 잘 안 되고 앞이 캄캄해서 미래를 알 수 없던 창살 없는 감옥 같았던 6년간의 플로리다주 텔러해시의 삶에서 벗어날 수 있는 것만으로도 다행이라 생각했다. 무엇보다 리먼브러더스 사태 직전에 직장을 구할 수 있었던 것은 정말 큰 행운이었다. 신은 나를 버리지 않으셨구나 하고 감사했다. 학교에 출근하면서부터 다른 교수들과 얘기를 많이 나누었는데, 403D(401K의 학교 버전)의 퇴직 연금이 반 토막이 나서 슬프다는 말을 자주 듣곤 했다.

돈을 벌기 시작하면서 리먼브러더스 사태가 터지자 나는 한국에서 대학생 시절 IMF 사태 때 주식 시장에 들어갔던 기억을 떠올렸다. 본능적으로 지금이 투자의 적기라는 생각이 들었다. 과거의 경험은 그만큼 현재에 영향을 미친다. 미국에서는 주식 투자를 안 해봤기 때문에 미국 증시는 어떻게 흘러가는지, 어떤 회사가 좋은지, 어떤 증권 회사를 이용해야 하는지, 세금이 어떤지 등 많은 조사가 필요했다. 다행히 법대 다닐 때 기업법 변호사Corporate Lawyer가 되고자 수강했던 기업법, 회계, 금융, 세법 등의 과목이 도움이 되었다

증권사는 인터넷으로 거래할 수 있으며 수수료가 적은 곳을 찾아보았다. 당시 에머리트레이드Ameritrade와 E-트레이드E-Trade 같은 회사들이 인터넷을 기반으로 적은 수수료로 운영되고 있었다. 에머리트레이드에 계좌를 개설하고 당시 이용하던 뱅크오브아메리카Bank of America, BoA에서 자금을 이체했다. 세금은 세법을

공부했기 때문에 쉽게 익힐 수 있었다. 1년 이상 가지고 있다가 팔면 장기Long-term 세금으로 자본세Capital tax를 내게 되어 내 연봉 기준으로 22% 소득세 대신 15%로 싸게 세금을 낼 수 있다는 것을 알았다. 한국에서는 단기로 트레이드를 많이 했고 세금과 수수료도 없었는데, 미국에서의 사뭇 달라진 투자 환경에서는 신중하게 주식을 고를 수밖에 없었다.

한국에서 주식 시장이 폭락한 이후에 가장 먼저 올라온 주식이 금융·증권 종목이라는 것을 알고 있었으므로 증권주를 먼저 보기 시작했다. 당시 눈에 들어왔던 것은 JP모건JP Morgan, BoA, 씨티은행, 골드만삭스 정도였다. JP모건은 20달러대였고 BoA는 5달러대였던 걸로 기억한다. 일단 가장 큰 은행인 JP모건을 사기 시작했고 계속해서 지켜보았다. 같은 학교에 주식을 하던 동료가 있어 서로 어떤 주식에 투자했는지를 공유하며 계속 들고 갔다. 이 주식은 2020년 1월에 136달러까지 올랐고, BoA는 35달러 가까이 되었다.

그 당시 나는 왜 BoA가 아닌 JP모건을 샀을까. 지금도 여전히 이유를 모르겠다. 당시 금융 시장이 불안해서 전통 금융주 중에 가장 규모가 큰 은행주이자 증권주(은행과 증권 투자업을 보통 함께함)를 골랐던 것 같다. 하지만 내가 주로 이용하던 은행은 BoA였다. 어느 도시에나 지점이 있었으며 서비스 또한 만족스러운 회사였다. 물론 대출 이자는 비영리단체이며 협동조합인 크레디트유니온Credit Union이 유리할지 모르지만, 이 협동조합은 지점도 적고 ATM기를 찾기도 힘들고 금융 상품 수도 적었다. 예금 이자도 어차피 1% 미만이어서 크게 도움이 안 되었다.

주목할 미국 기업

★★★ 뱅크오브아메리카 ★★★

투자의 대가 워런 버핏이 포트폴리오의 11%나 가져가는 BoA는 노스캐롤라이나주 샬럿Charlotte에서 1784년에 설립된 오래된 은행이다. 2022년 1월 현재 4,200개 정도의 지점과 1만 6,000대의 ATM기, 6700만 명의 고객을 보유하고 있다. 소비자 금융팀은 은행 업무와 금융 상품 판매 등을 하며 전 세계의 개인 고객과 중소 상공인, 투자 기관, 대기업, 정부 등에 서비스를 제공한다. 저축 계좌, 장기 저축 계좌 CDCertificate of deposit, 퇴직 연금 제도인 IRA, 이자가 붙지 않는 체킹 계좌Checking accounts, 투자 계좌, 신용·데빗Debit 카드, 일반 주거용 모기지, 집 담보 대출, 자동차 대출 등의 업무를 제공한다.

글로벌 웰스 & 인베스트먼트 매니지먼트Global Wealth & Investment Management 팀은 투자 운영, 중개Brokerage, 은행, 은퇴 상품, 자산 운용 솔루션 등을 제공한다. 글로벌 뱅킹Global Banking팀은 상업용 대출, 리스, 무역 금융, 상업용 부동산이나 자산 기반 대출, 채권 운영, 환율, 단기 투자 선택 상품, 상업 서비스, 자본 운영 솔루션, 채권과 주식의 거래와 배분, 합병과 관련된 컨설팅 서비스 등을 제공한다. 글로벌 마켓Global Market팀은 시장 형성, 금융, 주식 조정, 보존 서비스와 금리, 주식, 신용, 환, 파생 상품, 환율, 채권, 모기지 상품 같은 위험 관리 상품 등을 운영한다.

2022년 12월 현재 매출은 924억 달러이고, 2023년은 941억 달러, 2024년은 1,016억 달러, 2025년은 2,045.7억 달러로 예상된다. 2022년 12월 현재 주당순이익은 3.21달러이고 2023년은 3.10달러, 2024년은 3.23달러, 2025년은 3.55달러로 예상된다. 배당은 연 2.30%로 분기별(3월, 6월, 9월, 12월)로 제공한다. 배당은 5년간 9.86% 증가했다. PER은 14.47로 동종 업계 평균 10.86보다 조금 높고, PBR(주가순자산비율)은 1.24로 동종 업계 평균 1.17보다 조금 높다. 2025년 매출 성장률은 동종 업계 평균 5.21%보다 조금 낮긴 하지만, 앞으로 3.27%로 높아지며, 주당순이익이 향후 5년간 9.19%씩 증가할 것으로 예상된다. ROE 성장 또한 9.03%로 예상된다. 2024년 8월 현재 순이익 마진율은 26.81%가 나오며, 운영 현금은 407억 달러를 보유하고 있다. 2024년 2분기 현재 적정 주가는 32달러 정도이다.

★★★ JP모건 ★★★

은행주 중에 시총이 가장 크고 전 세계 시총 14위를 차지하고 있는 JP모건이 31만 1,921명을 고용하고 있는 데 비해, BoA는 21만 2,000명을 고용하고 있다. 시총은 JP모건이 5,957.3억 달러이고, BoA는 3,269억 달러이다. 규모에 비해 배당률은 JP모건이 2.12%로 BoA의 2.30%가 조금 높다. 2023년에 미국의 지역 은행들이 위기를 겪는 시기에 JP모건은 퍼스트리퍼블릭 은행First Republic Bank을 인수하였는데, 그로 인해 JP모건은 매출이 크게 성장했다. 매출 성장률은 2025년에 JP모건이 9.01%, BoA가 3.27%를 유지할 것으로 보인다. JP모건의 순수익 마진은 33.57%로 높으며, ROE는 15.74%를 기록하고 있다. 하지만 순 운영 현금흐름은 −299.4억 달러를 기록하고 있다. 2024년 주당순이익 예상은 16.83달러이며 2025년은 16.74달러를 예상하고 있다. 매출은 2024년에 168.4억 달러, 2025년은 1,667억 달러가 예상된다. 2024년 2분기 현재 적정 주가는 178달러 정도이다.

취직을 하면서 403D(401K의 학교 버전)을 통해 세금 혜택을 받으며 퇴직 연금 제도에 투자할 수 있게 되었다. 처음에는 월급의 5%를 투자하기로 하고 학교에서 10%를 매칭해줘 월급의 15%씩 퇴직 연금에 투자했다. 여러 회사 중 하나를 골라야 하고, 그 회사가 제공하는 수십 개의 옵션 중 몇 개를 골라 투자한다. 내 경우에도 TIAA-CREF(미국 교직원 퇴직 연금 기금)와 링컨파이낸셜Lincoln Financial 같은 회사 중에서 골라야 했는데, 동료 교수들이 다른 학교로 옮기는 경우에도 가져갈 수 있는 TIAA-CREF를 고르라고 해서 그렇게 하기로 했다. 그리고 그 안에 어떤 펀드 상품을 고를지 몰라 처음에는 주식과 채권이 6:4 비율로 들어가 있는 은퇴형 펀드와 국제 주식 인덱스International Equity Index, US 성장주 펀드US Growth Fund를 골라 월급이 들어오는 대로 적립식으로 투자했다. 리먼브러더스 사태로 주식 시장이 가장 바닥이었을 때 미국 주식을 시작했기 때문에 2013년까지 20% 가까운 좋은 수익을 낼 수 있었다. 더욱이 복리 효과로 인해 퇴직 연금은 2022년 현재 큰돈으로 불어나 있다.

★★★ '401K Plan'이란 ★★★

401K로 알려진 이 제도는 미국의 많은 고용주들이 제공하는데, 투자에 있어 세금 혜택을 주는 은퇴 투자 제도라고 볼 수 있다. 미국 주식 시장에 자금이 계속 들어올 수밖에 없는 이유이기도 하다. 미국인들은 직장을 구하기 시작하는 나이부터 이렇게 투자를 시작하기 때문에 은퇴할 때까지 투자의 복리 효과를 거두어 큰 목돈을 마련할 수 있다.

401K는 미국 세금법Internal Revenue Code의 한 조항인 '401(K)'에 따라 이름이 붙은 것이다. 학교에서 제공하는 것은 403(D) 조항에 있는데 비슷한 개념이다. 401K에 가입한 피고용인은 월급의 일정 부분을 투자 계좌에 넣는다. 고용주들은 그 일정 부분만큼이나 혹은 조금 더 보태서 계좌에 넣어주는데 이를 '매칭Matching'이라고 한다. 월급의 5∼10%를 매달 투자하면 회사는 그와 같거나 조금 더 많은 금액을 매칭해 은퇴 자금에 넣어준다. 매년 투자할 수 있는 금액은 인플레이션에 따라 조정되는데, 50세 미만은 2022년 8월 현재 2만 500달러까지 공헌Contribution할 수 있다. 50세 이상이 되면 6,500달러를 더하여 2만 7,000달러까지 공헌할 수 있다.

이러한 경우에 개인은 몇 개의 퇴직 연금 운용 회사 중에서 하나를 고르고 그 안에서 제공하는 다양한 ETF 같은 펀드 상품 중에서 골라 투자할 수 있다. 안전 자산, 위험 자산 등 다양하게 고를 수 있으며 주식, 채권, 부동산, 현금, 광물 ETF 중에 골라서 투자한다. 자신의 회사에 이러한 401K 퇴직 연금 제도가 없는 경우에는 가까운 은행에 가서 IRA 은퇴 계좌를 개설할 수 있고 매달 6,000달러까지 투자를 진행할 수 있다. 이렇게 퇴직 연금 제도를 이용하는 경우에는 59.5세까지 세금을 내지 않아도 되는데, 그 이전에 돈을 인출하면 10% 추가 세금을 내게 된다. 세금은 그 이후에 은퇴를 결정하는 나이의 소득 수준에 맞추어 내면 된다. 물론 한창 벌 때보다 은퇴 후가 훨

씬 더 적은 소득세를 내며, 조금씩 인출해서 쓰므로 세금이 덜 나간다. 72세 이후에는 무조건 일정 수준의 돈을 인출해야 한다. 이러한 퇴직 연금 제도가 전통적인 방식이고 로스Roth 방식으로 투자하는 경우도 있는데, 이것은 미리 세금을 내고 은퇴할 때 세금을 내지 않는 방법이다.

마이애미대학에서 일하기 시작하면서 가장 먼저 바꾼 것이 차와 휴대폰이었다. 이전의 차는 500마일(약 800킬로미터) 떨어진 탤러해시에 사는 여자친구(지금의 아내)를 보러 한 달에 한 번씩 주말에 운전해서 다니다가 고장이 나버렸다. 결국, 2년 된 은색 중고 벤츠로 바꾸었다. 새 차는 왕복 1,000마일의 장거리를 운전하고 다니기에 적합했다. 속도도 잘 나고 승차감도 좋았다. 그러나 비싼 할부금 때문에 결국 후회했고 2011년에 보스턴으로 이사하면서 팔아버렸다.

중간중간에는 렌터카로 다니기도 했는데 편도로 빌릴 수 있었던 에이비스Avis 렌터카가 허츠Hertz나 엔터프라이즈Enterprise보다 나았던 것 같다. 2007년에 렌터카를 타고 알리바바, 미시시피, 루이지애나, 텍사스, 뉴멕시코, 네바다를 거쳐 캘리포니아까지 2,500마일 정도를 왕복으로 로드트립Roadtrip(자동차로 이동하는 장거리 여행)한 적이 있었다. 그때도 에이비스에서 렌터카를 싸고 유용하게 빌려 썼다. 2010년 10월에 여자친구가 박사 학위를 취

득하고 탤러해시를 떠나 한국으로 돌아가게 되었다. 그때 에이비스에서 렌터카를 빌려 타고 탤러해시까지 가서 에이비스 소유의 버짓트럭렌탈에서 트럭을 빌려 이삿짐을 싣고 마이애미로 오던 기억이 생생하다. 내가 탤러해시를 마지막으로 본 때였다.

주목할 미국 기업

★★★ 미국의 렌터카 회사들 ★★★

미국 렌터카Car Rental의 총 유효 시장Total Addressable Market은 2022년 8월 현재 542억 달러 규모이며 2021년 대비 9.8% 성장했다. 2017년부터 2022년까지 연평균 2.8%씩 성장했다. 엔터프라이즈렌터카는 미국에서 가장 큰 자동차 렌탈 회사이다. 알라모Alamo와 내셔널카렌탈National Car Rental을 소유했으며 900개 이상의 매장이 있다. 419개 공항에 위치해서 미국 어디를 가나 있다. 하지만 상장이 안 된 회사이다. 에이비스가 시총 83.2억 달러로 상장 회사 중 가장 크다. 테슬라 차를 10만 대나 주문해서 유명해진 허츠는 시총이 70.1억 달러로 2위를 달리고 있다.

2022년 8월 현재 미국의 렌터카 회사들은 암울한 상황이다. 코로나19 사태가 터지면서 크게 충격을 받았다. 허츠는 파산 신청을 했다. 봉쇄 조치로 여행이 제한되었고 일할 수 있는 직원도 줄었기 때문에 지점을 많이 줄일 수밖에 없었다. 에이비스 같은 경우에는 2019년에 보유 자동차가 66만 461대였지만 2020년에 53만 2,661대로 줄었다가 현재는 다시 회복해서 60만 847대이다. 코로나19가 풀려가며 렌터카 사용자는 앞으로 5년간 매년 평균 25.13%씩 증가할 것으로 예상된다. 이용자도 6억 420만 명에 도달할 것으로 보인다. 매출은 2026년에 1,138억 달러에 도달할 것으로 추산된다.

★★★ 에이비스 ★★★

에이비스Avis Budget Group는 1946년에 뉴저지주 파시패니Parsippany에 설립되었다. 승용차·트럭 렌트, 자동차 공유 등을 제공한다. 1만 8,500명을 고용하고 있다. 에이비스가 여행용 차를 렌트해준다면 버짓트럭렌탈Budget Truck Rental은 편도나 왕복 트럭과 벤을 제공한다. 2만 대 정도의 트럭을 보유했으며 850개 지점을 운영하고 있다. 산하의 집카Zipcar는 차량 공유 서비스이다.

에이비스는 버짓Budget, 페이리스Payless, 에이펙스Apex, 마조레Maggiore, 모리니렌트MoriniRent, 프랑스카FranceCars, 아미코블루Amicoblu, 투리스카Turiscar, ACL하이어ACL Hire 등의 렌터카 브랜드를 소유하고 있다. 또한 보험과 연료 제공 서비스, 도로 정비 서비스, 배달 서비스 등도 제공한다. 현재 전 세계 1만 400곳에서 운영하고 있다.

2022년 12월 현재 매출은 119억 달러에, 2023년 12월 매출은 120억 달러를 기록하고, 2024년 121억 달러, 2025년 125억 달러를 기록할 것으로 예상한다. 2024년 현재 주당순이익은 11.72달러가 예상되며, 2025년 17.76달러가 예상된다. 순이익Net income은 16.3억 달러를 기록하고 있다. 코로나19가 약화되며 폭발적 매출 성장을 거두었다. 그러나 임금과 기름값 상승 등 인플레이션의 영향과 경기 침체의 우려로 인해 성장이 둔화되었다. 게다가 우버, 리프트 등 차량 공유 서비스의 등장으로 성장에 위협을 받고 있다. 밸류에이션이 좋아 PER은 8.85로 동종 업계 평균 18.74보다 현저하게 낮으며, PSR(주가매출비율)도 0.32로 평균인 1.5보다 낮다. 총수익 마진율은 36.19%이고 순이익 마진율은 10.05%로 동종 업계보다는 높은 편이다. 2024년 2분기 현재 적정 주가는 106달러이다.

오랫동안 사용하던 2G 폴더폰은 새로운 시대에 맞추어 스마트폰으로 바꾸었다. 휴대폰은 잘 바꾼 것 같았다. 이 당시 가장 '핫'했던 기술 발전은 스마트폰인 애플의 아이폰이었다. 2007년 아이폰이 처음 나올 때만 해도 LG의 프라다폰, 삼성의 아르마니폰, 블랙베리 등 터치패드가 있는 핫한 폰들이 많았기 때문에 크게 관심이 없었다. 물론 직장도 없는 가난한 유학생이 엄두도 못 낼 전화기들이었고 통화가 잘되는 값싼 폴더폰이면 충분했다. 그런데 내가 직장을 구한 2008년에 애플은 아이폰3iPhone 3G를 출시했다. 이때 나도 스마트폰 시대에 발맞추어야겠다는 생각에 아이폰3를 사게 되었다. 심플한 디자인에 터치폰인 것도 신기했지만 나침반, 카메라, 음악, GPS, 게임, 컴퓨터 등 모든 것이 전화기 하나에 합쳐진, 말 그대로 신세계였다. 다른 유저들과 온라인상에서 함께할 수 있는 게임 애플리케이션(앱)들도 상당히 많아서, 한동안 〈포켓 레전드〉나 〈위 팜〉과 같은 게임에 푹 빠졌던 기억이 난다. 그 이후 삼성 갤럭시폰으로 바꿀 때까지 아이폰4와 아이폰5까지 사용했다. 2022년 9월 현재 애플은 아이폰14까지 출시했다.

애플의 맥Mac이 슬림한 디자인을 내세워 PC 시장을 뒤흔들었던 것도 이때였다. 2007년 무렵에는 아이맥iMac, 맥북MacBook, 맥북프로MacBook Pro, 맥북에어MacBook Air 등이 혁신적이고 심플한 디자인을 뽐내며 알루미늄 케이스에 담겨 소개되었다. 인텔의 칩과 마이크로소프트의 윈도도 설치해 사용할 수 있어서 많은 인기를 끌었다. 하지만 나는 여전히 조금은 저렴한 델Dell과 HPHewlett-Packard의 노트북을 계속 사용했다. 당시 PC 시장은 애플과 경쟁했다. TV 광고는 전통적 PC의 우수성을 홍보하는 데 주력했다. 하지만 젊은 층은 애플 컴퓨터와 스마트폰을 거의 신격화하며 마니아가 되어갔다. 애플은 아직도 미국에서 인기가 많고 자체 생태계를 잘 구축해나가고 있다.

주목할 미국 기업

★★★ 애플 ★★★

애플은 1977년 설립되었고 캘리포니아주 쿠퍼티노Cupertino에 본사가 있다. 고용 직원은 2024년 현재 16만 1,000명이다.

애플은 스마트폰과 개인용 컴퓨터, 태블릿, 착용 가능한 기기와 부속품을 디자인·제조·판매하고 있으며 그 외 관련된 다양한 서비스를 제공한다. 회사의 주요 상품으로는 아이폰iPhone, 맥Mac, 아이패드iPad, 에어팟AirPod, 아이팟 터치iPod touch 등이 있다. 그리고 주요 서비스로 애플 케어Apple Care와 클라우드 서비스, 디지털 콘텐츠인 애플 아케이드Apple Arcade, 애플 뮤직Apple Music, 애플 뉴스+Apple News+, 애플 TV+Apple TV+를 운영한다. 또한 지불 서비스로 애플 카드Apple Card와 애플 페이Apple Pay가 있다.

2024년 1분기 현재 매출의 58%는 아이폰이 차지하고 있다. 그다음으로는 앱 서비스 19.3%, 맥 컴퓨터 6%, 아이패드 5%, 그 외의 애플워치Apple Watch 와 에어파즈Airpaz 같은 제품이 10% 순이다. 2023년 6월 애플은 증강 현실 기기인 애플 비전프로Apple Vision Pro를 출시했다.

2022년 8월 현재 3,875억 달러의 매출을 올리고 있던 애플은 2024년 현재도 3,816억 달러의 매출을 유지하고 있고, 시총 3.5조 달러를 기록하고 있는 전 세계 최고 시총 기업이다. 순이익은 2022년 996억 달러에서 1,003억 달러로 올랐다. 주당순이익은 6.45달러이며 2024년 6.60달러, 2025년 6.84달러, 2025년 7.29달러, 2026년 8.17달러를 예상하고 있다. 배당은 0.43%로 분기별(2월, 5월, 8월, 11월)로 준다. PER은 35.85로 동종 업계 평균 24.19보다 높은 편이며 매출 성장률은 8%이고, 주당순이익은 9.14%씩 성장하고 있다. 2024년 1분기는 중국 시장의 수요 둔화를 겪었지만, 2분기부터 아이폰과 앱 서비스 시장의 매출이 회복하고 있다. 수익성이 매우 좋아 총마진율은 45.59%이고, 운영 현금흐름은 1,105억 달러이다. 2024년 2분기 현재 애플의 적정 주가는 176달러 정도이다.

마이애미에서는 직장과 200명 정도의 교인이 있는 한인 성당에서 새로운 사람들을 만날 수 있었다. 하지만 6년 가까이 살았던 탤러해시에서 만났던 한국인과 미국인 친구들이 많이 그리웠다. 가끔 탤러해시나 탬파 또는 마이애미에서 친구들을 만나기도 했지만, 옛날처럼 마음껏 만날 수는 없었다. 우리들의 교류는 점점 소셜미디어 세계에서 이루어질 수밖에 없었다.

그전까지 한국 친구들과 교류할 때 자주 이용했던 싸이월드는 해킹을 당해 비밀번호를 잃어버린 이후 점차 이용하지 않게 되었다. 미국에서의 시간이 길어지면서 나도 모르게 한국과는 멀어져가고 있었던 것이다. 미국 친구들과의 교류를 위해 페이스북을 활발히 사용하기 시작한 때는 첫 직장을 잡기 시작한 2008년 정도였다. 새로운 도시로 이사 와서 친구들과의 교류가 필요했는데 그때 가장 잘나가는 소셜미디어 플랫폼이 페이스북이었고 트위터도 가끔 사용했다. 직장 동료뿐만 아니라 학회에서 만난 사람들과도 페이스북과 트위터를 통해 활발히 연결되기 시작했다. 지금까지도 그때 연결된 사람들과 페이스북으로 대화를 나누고 있다. 유튜브는 그보다 한참 후인 2011년부터 이용하기 시작했다.

주목할 미국 기업

★★★ 메타플랫폼스 (전 페이스북) ★★★

캘리포니아주 멘로파크Menlo Park에 본사를 둔 메타META는 2004년에 '페이스북'이란 이름으로 처음 설립되었다. 그 후 페이스북은 2012년에 인스타그램Instagram을, 2014년에는 채팅앱인 왓츠앱WhatsApp과 VR(가상 현실) 헤드셋 제조사인 오큘러스VROculus VR을, 2020년에는 게임 업체 비트게임즈Beat Games를 인수했다. 미국 정부의 소셜미디어 정책과 반독점 소송, 애플의 사생활 보호 정책, 틱톡과의 경쟁으로 인한 사용자 수 정체 등으로 어려움을 겪었고 2022년 2월 회사 이름을 '메타플랫폼스'로 바꾸었다. 그 이후 구조조정을 통해 많은 인력을 해고하며 비용 절감을 시도했고, 2023년 2월 대규모 언어 모델Large Language Model, LLM인 라마LLama를 출시하며 인공지능 기업으로 재탄생하려 노력하고 있다. 2023년 7월에는 경쟁사 엑스x(전 트위터)에 경쟁하는 스레드Threads를 출시했고, 2024년 7월 현재 매달 1억 7,500만 명이 넘는 사용자를 기록하고 있다. 2024년 4월 미국 의회가 국가보안 문제로 틱톡TikTok을 9개월 이내에 강제 매각하는 법을 통과하고, 11월 대선이 가까워오면서 소셜미디어로 수혜를 입기 시작했다.

메타는 모바일 장치, 컴퓨터, VR 헤드셋과 TV 등을 통해 사람들을 연결해주며 공유할 수 있게 도와준다. 상품으로는 페이스북, 인스타그램, 왓츠앱, 페이스북 리얼리티랩Facebook Reality Labs과 크레이타Crayta(비디오 게임 플랫폼) 등이 있다. 메타는 광고 수입을 내고 있고 판매 업자들이 나이, 성별, 위치, 관심과 행동 패턴 등을 통해 소비자에게 접근할 수 있게 도와준다. 판매 업자들은 페이스북, 인스타그램, 메신저와 제3자들의 앱과 웹사이트를 통해 광고할 수 있다. 2024년 1분기 현재 매출 365억 달러의 97%가 광고매출이었다.

2024년 7월 현재 매출은 1,427억 달러이며, 순이익은 457억 달러이다. 주당순이익은 2023년 17.85달러이며, 2024년 20.8달러, 2025년 22.97달러, 2026년 26.19달러가 예상된다. 2024년 8월 현재 PER은 35.85로 동종 업계 평균 24.19보다 높아졌으며 2024년 1분기 매출 성장률은 27%를 보여주고 있다. 주당순이익은 앞으로 5년간 18.26% 증가할 것으로 예상하고 있다. 총마진은 81.50% 증가해 좋은 모습을 보여주고 있다. 2024년 1분기 현재 가족 1일 활성 사용자Family Daily Active People는 32.4억 명에 달하고, 전 세계 1위의 소셜 플랫폼 역할을 하고 있으며 전 세계 인구의 39%가 이용하고 있다. 2024년 1분기 현재 메타의 적정 주가는 487달러 정도이다.

또 이 당시에 가장 뜨겁게 떠오르던 것은 검색엔진이었고, 미국인들이 가장 많이 사용한 것은 구글이었다. 마이크로소프트의 빙Bing도 있었지만 구글의 검색 알고리즘 성능에는 미치지 못했다. 유학 생활 동안 다른 전공의 박사 과정 학생들과 교류를 많이 했는데 많은 사람이 구글을 칭찬했다. 심지어 학교에서 유료로 구독하는 데이터베이스보다도 정보를 더 잘 찾아내는 등 2000년대 초반부터 그 검색 능력이 입증되었다.

2008년 직장을 구한 이후로 나는 대부분의 검색을 구글로 했다. 그런데 학생들조차 '웨스트로Westlaw'나 '렉시스Lexis' 같은 비싼 법률 DB 대신 구글로 법률 자료를 조사해서 난감하기도 했다. 검색이 잘된다 하더라도 구글로 찾은 법률 결과들은 업데이트가 안 된 신뢰성 없는 정보들이 많았기 때문이다. 1995년 정도부터 활성화되기 시작한 월드와이드웹www에는 2008년쯤 되니 정말 많은 웹페이지와 정보들이 홍수를 이루었고 구글은 사용자들의 검색 경향을 알고리즘으로 잘 파악해 이러한 정보들을 찾아주었다. 아직도 구글에 대항할 검색엔진은 없는 것 같다.

내가 지메일Gmail을 이베이Ebay에서 돈을 주고 구매해 후배들에게 선물하던 때도 이때였다. 인터넷 브라우저 시장에서도 구글의 크롬Chrome은 인터넷 익스플로러Internet Explorer와 모질라의 파이어폭스Mozilla Firefox를 대체해나갔다. 2020년 현재 크롬이

65.99%, 애플의 사파리Safari가 16.82%, 파이어폭스가 4.09%의 점유율을 차지하고 있다.

2015년 구글은 알파벳Alphabet의 자회사가 되었다. 알파벳은 지도, 클라우드, 유튜브, 안드로이드 운영체제, 클라우드 서비스 드라이브Drive, 스마트홈 네스트Nest, 착용 가능 기기 핏비트Fitbit, 게임, 음악, TV, 인공지능 칩, 소프트웨어 등으로 사업을 확장해 나갔다. 그렇게 구글은 어느 순간부터 내 생활의 일부가 되었다. 운전할 때는 내비게이션으로 구글맵을 쓰고 이메일 대부분은 지메일 계정을 활용해 주고받으며 상당수 파일을 구글 드라이브에 저장하고 있다. 또한 유튜브를 통해 생활에 도움을 받고 있다. 지금 사용하는 삼성 갤럭시 휴대폰의 운영체제는 안드로이드이며 우리 집의 온도 조절계는 원격으로도 관리할 수 있는 네스트다.

구글은 2004년에 처음 상장할 때부터 인기가 높아 주가가 많이 올라갔던 것을 기억한다. 그때 가난한 유학생이 사기에는 상당히 비싸 보였는데 그 이후로도 주가는 치솟았다. 지금까지 20배 이상 올랐다. 2008년 리먼브러더스 사태 때만 해도 6달러대까지(2022년 1/20 분할 후 가격) 내려갔는데 그때부터도 15배 이상 올랐다는 게 믿기지 않는다. 은행주 대신에 애플과 구글을 살 걸 하는 후회도 한 적이 있다.

★★★ 알파벳(전 구글) ★★★

스탠퍼드대 박사 과정 학생이던 래리 페이지Larry Page와 세르게이 브린Sergey Brin의 연구 프로젝트의 하나로 1996년 시작된 것이 구글이다. 10의 100승을 의미하는 숫자 '구골Googol'을 재밌게 변형해서 만든 이름이다. 1997년 www.google.com을 등록했다. 1998년 설립된 알파벳은 캘리포니아주 마운틴뷰Mountain View에 본부를 두고 미국, 유럽, 중동, 아프리카, 아시아, 캐나다, 라틴아메리카에서 다양한 상품과 플랫폼을 제공한다.

구글 서비스는 광고, 안드로이드, 크롬, 지메일, 구글 드라이브, 구글맵Google Maps, 구글포토Google Photos, 구글플레이Google Play, 서치Search, 유튜브를 포함한다. 구글 플레이스토어play store에서는 앱과 디지털 콘텐츠는 물론이고 착용 가능한 핏비트, 스마트홈 구글 네스트, 픽셀Pixel 전화기 등도 판다. 구글 클라우드는 기반 시설과 플랫폼 서비스를 제공한다. 구글 워크스페이스Google Workspace는 사업체들이 클라우드에서 잘 협력할 수 있게 지메일, 독스Docs, 드라이브Drive, 캘린더Calendar와 미트Meet를 제공한다. 건강 기술도 판매한다. 2023년 5월 구글은 오픈AIOPEN AI의 챗GPTChat GPT에 대항하기 위해 대규모 언어 모델의 일환으로 제미나이Gemini를 발표, 12월 6일에 출시했으며, 이는 2024년부터 구글의 검색기능에 본격적으로 활용되기 시작했다. 2024년 1월에는 인공지능 스마트폰인 삼성 갤럭시S24에 제미나이를 탑재하기 시작했다.

2024년 8월 현재 매출은 3,181억 달러, 순이익은 824억 달러이다. 2024년 1분기 현재 매출 863억 달러 중에서 구글 검색 광고 매출이 55%(약 480억 달러), 구글 네트워크가 12.29%, 유튜브 광고와 구글 클라우드가 각각 10.6%, 구글 플레이 앱 서비스가 12%를 차지하고 있다. 총매출이 13% 증가하고 있는 가운데, 광고 이외에도 유튜브가 16%, 구글 플레이 서비스가

23%, 구글 클라우드가 26%씩 증가하고 있는 것이 눈에 띈다. 주당순이익은 2023년 6.57달러, 2024년 7.55달러, 2025년 8.59달러, 2026년 9.82달러, 2027년 11.52달러로 예상하고 있다. PER은 28.65로 동종 업계 평균인 12.86보다 높다. 매출 성장률은 13%이며 앞으로도 18.09%는 될 것으로 예상되는데, 이는 동종 업계 평균 2.91%보다 높은 수치이다. 주당순이익 성장은 향후 5년간 21.30%씩 이루어질 것으로 보인다. 총마진율도 57.47%로 좋고 EBITDA 마진율도 34.49%를 기록하고 있다. 2024년 2분기 현재 알파벳C 우선주의 적정 주가는 180달러 정도이다.

2011년,
보스턴과 부자 이발사

　　2011년 1월 학교를 옮기면서 보스턴으로 이사했다. 가장 큰 이유는 3년 안에 취업 비자H1B를 연장하고 6년 안에 영주권 Permanent Resident으로 바꾸어야 하는데 이전 학교에서 미온적인 태도를 보였기 때문이다. 신분상의 문제도 해결하면서 아무래도 한국인이 적은 남부보다는 한국인이 많이 모여 사는 북쪽에 살고 싶다는 바람도 있었다. 날씨도 좋고 관광지라 즐길 것도 많은 곳이었지만, 히스패닉이 주를 이루는 마이애미에서 소수 인종인 한국인으로 사는 것은 힘든 일이었다.

마이애미에서 보스턴까지 1,500마일(약 2,400킬로미터)의 고속도로를 운전해서 갔다. 그전에 뉴욕까지 선후배와 함께 두 번 운전을 해봤던 터라 익숙하고 할 만하다고 생각했다. 하지만 추운 날씨에 생각보다 힘든 여정이었다. 혼자 운전하면서 이런저런 생각도 많이 했다. 조지아 여관과 뉴저지의 미국 친구 집에서 하룻밤씩 보내는 2박 3일간의 긴 여정이었다. 가장 더운 곳에서 가장 추운 곳으로, 눈을 전혀 구경하지 못하던 곳에서 초입부터 눈이 가득 쌓인 곳으로의 커다란 환경 변화였다. 보스턴이라는 네 번째 정착 도시에서도 뭔가 흥미로운 일들이 펼쳐지지 않을까 하는 설렘도 있었다. 이때 나이 서른여덟이었다.

남부와 북부는 문화적으로 크게 달랐다. 마이애미와 보스턴 모두 대도시이긴 하지만, 인종의 구성과 문화는 많은 차이를 보였다. 보스턴은 전체 인구의 9.7%가 아시아인이었고 인종 다양성 측면에서 마이애미보다 더 발달해 있었다. 영어 사투리마저 달랐는데, 보스턴 사투리는 '보스토니안 액센트'라 불렸다. 영국식 발음이 미국식으로 조금 변형된 것이다. 처음에는 정말 알아듣기가 힘들었다. 사람들은 "Park the car on Harvard Yard(하버드 땅에 주차하라)"를 어떻게 발음하는지를 보고 그가 진정한 보스턴 사람인지를 확인하곤 했다.

1614년 존 스미스 선장이 개척한 보스턴 해변은 '새로운 영국'

이라는 뜻의 뉴잉글랜드로 불리고 있었는데, 당시에 살던 인디언들은 천연두로 인해 인구의 절반 이상이 사망했다. 1630년 영국 청교도들이 정착해 만들기 시작한 이 도시는 영국의 보스턴과 똑같은 이름을 가지게 되었다. 뉴욕이 네덜란드 문화, 필라델피아가 독일 문화의 영향을 받았다면 보스턴은 영국 문화가 잘 자리 잡은 도시이다. 찰스강을 따라 하버드, MIT, 터프츠Tufts, 보스턴, 노스이스턴Northeastern, 보스턴 칼리지Boston College 같은 명문 사립 대학들이 자리 잡은 학문과 과학의 도시이기도 하다.

수백 년 역사를 자랑하는 보스턴 스타일의 오래된 건물과 교회로 둘러싸인, 뉴욕 센트럴파크 디자이너가 설계한 보스턴 코먼Commons과 퍼블릭가든Public Garden을 중심으로 한 유U자형 공원인 에메랄드 넥클리스Emerald Necklace를 걷는 것은 정말 낭만적이다. 항구Piers Park 쪽으로 아름답게 형성된 이탈리아 타운인 노스엔드North End와 퀸시마켓Quincy Market도 우리 부부가 즐겨 찾던 곳이고, 백베이Back Bay에서 뉴베리Newbury 스트리트까지의 길도 참 아름답다. 보스턴에서 1시간 거리 안에 있는 글로스터Gloucester, 케이프코드Cape Cod, 록포트Rock Port, 뉴햄프셔의 포츠머스Portsmouth 등은 미국 유명 인상파 화가들 그림의 배경이 된 아름다운 도시들이다.

이 멋진 도시 보스턴에서 나는 6년간 연애한 여자친구와 마침

내 결혼해 가정을 이루었고 딸을 낳았으며 또 적응하고 성장해 2018년 뉴욕으로 이사 올 때까지 7년을 살았다.

보스턴에 와서 당시 노스이스턴 법대의 부학장이었던 메리라는 분을 만난 것은 나의 투자 성향을 바로잡을 기회가 되었다. 당시 미국의 높은 주식 거래 수수료와 세금 같은 장기 투자를 위한 제도적 장치로 인해 알게 모르게 장기 투자자가 되어가던 나는 메리 부학장의 추천으로 데이비드 칠턴David Chilton의 《부자 이발사Wealthy Barber》라는 책을 접하게 되었다. 1995년 출판된 이 책의 부제는 '경제적 독립을 이루기 위한 모든 이의 상식 가이드 Everyone's Commonsense Guide to Becoming Financially Independent'이다. 이 책을 통해 나는 자산 배분과 위험 등 투자에 대한 전반적인 원칙들을 바로 세울 수 있었다.

무엇보다도 이 책은 주인공이 시골에서 부자가 된 동네 영웅 이발사와 그의 고객들의 이야기를 통해 금융 지식을 배우는 형식이라서 미국 금융 투자에 대해 정말 쉽게 많은 것을 배울 수 있었다. 기존에 내가 배웠던 미국 회계와 금융, 경제학과는 다른, 투자에 대한 실전적인 접근 방식을 알려주었다. 이 책은 10%의 저축 방법, 유산, 생명보험, 은퇴 계획, 집, 저축, 투자, 세금 등에 대해 인사이트를 주는 필수 개론서로 부와 행복으로 이끄는 힘이 있다.

나는 이 책을 통해 '경제적 자유Financial independence'라는 개념에 눈을 떴고 주식, 부동산, 보험 등 다양한 종류의 투자 방법에 대해서 알게 되었다. 또한 이 책은 주식의 위험 분산과 관련해서 주식은 전 세계적으로 분산 투자해야 안전하고 꾸준하게 수익을 낼 수 있다고 가르친다. 이때부터 나는 주식을 좀 더 세계적으로 분산해서 투자하기 시작했고, 국제 주식 인덱스International Equity Index 펀드를 선호하게 되었다.

그리고 이 책은 왜 집을 사야 하는지에 대해 분명한 이유를 제시해주었다. 그래서 월세 아파트에 지내면서 집을 찾아보기 시작했다. 때마침 리먼브러더스 사태로 인해 집값이 엄청나게 떨어진 상태였다. 5월에 결혼하고 은행에서 융자를 얻어 신혼집을 찾아다녔다. 우리 가정은 운 좋게 2011년 겨울에 미국 독립전쟁이 시작된 보스턴 렉싱턴Lexington의 40만 달러짜리 집을 살 수 있었다. 이후 뉴욕으로 이사 갈 때는 집값이 70만 달러대까지 올라 있어서 큰 수익을 올릴 수 있었다.

집에는 오페라 〈클라리, 밀라노의 아가씨Clari, The Maid of Milan〉에 나오는 곡 〈즐거운 나의 집Home, sweet home〉의 정서가 있다. 전세가 없는 미국에서 월세를 내며 자주 집을 옮겨 다니는 것보다는 한 곳에 몇십 년씩 정착하며 아이들을 키우고 오랫동안 행복하게 추억을 가꾸어나가는 것이 더 바람직하다고 본다.

보스턴 집은 우리 가정이 처음 시작한 곳이고 2017년에 딸이 태어난 곳이라 우리 가족에게는 큰 의미가 있다. 당시 건강하셨던 부모님이 방문하셔서 집 안팎으로 수리도 해주시고 정원 관리도 해주신 곳이고, 아침저녁으로 헤어짐과 만남을 반복하던 행복한 삶이 머물던 곳이다. 집 주변에 나무와 숲이 잘 우거져 있어 산책하기도 좋았다.

가까운 곳에 '윌슨팜Wilson Farm'이라는 농장 경영 마트도 있었는데 신선한 채소와 과일, 통밀빵 등을 언제든지 구할 수 있었다. 또 프랑스인이 운영하는 프랑스 빵 가게도 있었는데, 달콤하고 고소한 아몬드 크루아상은 정말 훌륭했다.

안전하고 조용하고 학군도 좋은 렉싱턴에서 오랫동안 딸을 잘 키울 수 있었는데, 직장 때문에 어쩔 수 없이 뉴욕으로 이사를 하게 되어 무척 아쉬웠다. 언젠가 아내와 함께 운전해서 보스턴 집을 다시 방문한 적이 있었다. 그리웠던 걸까, 평평 울던 아내를 보며 나도 눈가에 눈물이 촉촉이 고이던 때가 생각난다.

은행에서 융자를 받아 레버리지Leverage로 투자하기에 가장 적절한 것이 부동산이 아닐까 한다. 소규모 자금으로 큰 금액의 투자를 하기에 위험이 적어 안전 자산인 부동산은 그래도 떨어지지 않고 계속 조금씩 상승하기 때문이다. 장기적으로는 위험을 막아주는 헤지Hedge 역할도 해줄 수 있다. 위험도가 적은 데다가

장기적으로 인플레이션과 함께 계속해서 상승하는 경향이 있다.

부동산 투자는 집과 상업용 건물 등을 대상으로 할 수 있는데, 미국에서 집값은 1992년 이래로 매년 5.3%씩 상승했다. 따라서 집값이 2배 되는 데는 복리 효과로 평균 13.5년 정도 걸린다. 미국에서는 집값의 20% 정도만 자기가 부담하면 따로 PMIPrivate Mortgage Insurance 보험을 들지 않고도 좋은 이자율로 은행에서 대출을 받을 수 있다. 여윳돈이 있다면 상가 같은 상업용 부동산Commercial property에 투자하는 것도 좋다. 일반 단독 주택Family home보다는 위험도가 높지만 수익성이 큰 것은 사실이다. 주변의 허름한 상가 건물을 사서 리노베이션Renovation을 해 수익을 내는 사람들도 있다.

미국에서 집값의 지속적인 상승을 기대한다면 입지Location가 좋은 집을 사는 것이 가장 바람직하다. 좋은 입지는 주관적으로는 자신의 직장이나 자녀의 학교가 가까운 곳일 수 있다. 그러나 집값 상승을 기대한다면 안전하고 학군이 좋고 레스토랑 같은 여러 편의 시설이 가까운 곳이 적합하다. 미국 도시의 중심지를 '다운타운Downtown'이라고 하는데 보통은 다운타운 가까운 곳의 집값이 비싼 편이다. 다운타운에는 쇼핑센터와 병원 등 편의 시설이 가까이 있기 때문이다.

하지만 자녀들이 있는 가정의 경우에는 출퇴근 길은 조금 멀어도 아이들이 안전하게 걸어 다니며 학교에 다닐 수 있는 시 외곽인 '서버브Suburb'에 집을 마련하려고 한다. 보스턴 근처에 렉싱턴과 뉴턴Newton 같은 곳은 학군이 좋아 집값이 비싼 편이고 계속해서 상승하고 있다. 뉴욕 맨해튼 근처의 뉴저지 테너플라이, 크레스킬Cresskill, 데마레스트Demarest 같은 곳도 안전하고 학군이 좋다.

도시별로 공급과 수요를 잘 살펴보아야 한다. 뉴욕보다는 보스턴 근처의 집값이 더 빠르게 올라간다. 보스턴처럼 인구가 계속 증가하는 도시에서는 주택 공급이 부족한 상황이기 때문에 집값이 계속해서 오르는 편이다. 사실 미국은 2008년 리먼브러더스 사태 이후로 새로 집을 많이 짓지 않았고 특히 미국 동부는 주택 공급이 부족한 편이다.

미국에서 부동산 투자에 성공하려면 집을 잘 수리하고 유지 관리하는 능력이 필요하다. 워낙 인건비가 비싸기 때문에 집을 수리하는 데 사람을 쓰기 시작하면 비용이 커진다. 또한 높은 부동산세Property tax와 집 보험료 부담도 있어 월세 사는 것에 비해 크게 절약하지는 못한다. 물론 집값 상승을 통한 수익은 기대할 수 있다.

부동산을 잘 유지하려면 좋은 배관공과 전기공을 싸게 이용할 수 있는 능력이 필요하다. 기본적인 것들은 혼자서도 고치고 유지할 수 있어야 한다. 나 같은 경우에도 페인트칠, 기본 배관 작업, 타일이나 마루 깔기, 보일러 수리, 시설 설치와 교체, 수도 꼭지 교체, 시멘트 작업, 정원 관리 등은 혼자서 해왔다. 유튜브를 잘 검색해보면 친절하게 가르쳐주는 채널들이 있다. 또한 홈디포Home Depot와 로우스Lowe's 같은 대형 철물점에 가면 작업에 필요한 장비와 기계, 재료(목재, 시멘트, 자갈, 모래, 아스팔트, 벽돌, 흙 등)들을 쉽고 값싸게 구할 수 있다. 이곳들에서는 트럭도 빌려주고 배달도 해준다.

> **주목할 미국 기업**
>
> ## ★★★ 홈디포 ★★★
>
> 조지아주 애틀랜타에 주소를 두고 1978년에 설립된 임의 소비재 회사 홈디포는 집 개선Home improvement을 도와주는 소매 판매상이다. 다양한 건축 자재, 식물을 포함한 다양한 정원 제품, 건물 유지·수리·장식용품, 냉장고, 오븐 등을 판매한다. 회사는 바닥 작업Flooring은 물론, 캐비닛Cabinet, 난로, 에어컨, 창문 등의 설치도 도와준다. 각종 장비의 대여 서비스도 제공한다. 홈디포는 주로 집을 소유한 사람과 전문 인테리어 업체, 공사 도급자Contractor, 유지 보수 전문가, 전기·배관 기술자, 페인팅 업체를 주요 소비자로 두고 있다. 웹사이트를 통해 주문해도 되고 배달도 해준다. 2022년 현재 매장 수는 2,317개다.
>
> 2024년 8월 현재 지난 12개월간 연 매출은 1,518억 달러이고 순이익은

148억 달러를 기록하고 있다. 주당순이익은 2024년 15.16달러, 2025년 15.26달러, 2026년 16.20달러로 예상된다. 배당은 분기별(3월, 6월, 9월, 12월)로 2.5%를 주고 있다. 2024년 8월 현재 PER은 23.57%로 동종 업계 평균 15.76%보다 높은 편이고 매출은 매년 7.45% 정도씩 증가하고 있다. 2024년 1분기 현재 적정 주가는 320달러 정도이다.

2015년,
차가운 바람과 전환기

2012년 초부터 나는 집에서 걸어 10분 정도 떨어진 곳에서 62번 버스를 타고 케임브리지에 있는 에일와이프Alewife라는 전철 역T line까지 가서, 빨간색 라인을 타고 보스턴 다운타운 크로싱 Downtown crossing에서 한 번 갈아탄 다음에, 오렌지 라인을 타고 러글스Ruggles역에 내려 학교까지 가는 1시간 30분 거리를 매일 출퇴근했다. 운전도 힘들고 주차비도 비싸고 모기지도 갚아야 했기에 여유가 없었다.

찰리 카드Charlie Card(보스턴 지역의 교통비를 지급하는 비접촉식 스마트 카드) 한 장으로 월 요금을 결제하면 교통비는 한 달에 80달러도 안 됐던 것 같다. 원래 타던 벤츠는 플로리다에서 팔고 왔고 아내가 타던 폭스바겐 래빗은 쇼핑이나 교회에 갈 때만 탔다. 2015년에 사고가 나는 바람에 하이브리드 자동차인 도요타 프리우스로 바꾸었다. 우리 부부는 전기를 충전하면서 달려 기름이 거의 들지 않는 이 차를 무척 좋아했다. 그 덕에 근처 도시와 바닷가를 실컷 돌아다녔다. 이 당시 하이브리드 자동차 시장은 도요타가 50% 이상 차지하고 있었다.

주목할 미국 정보

★★★ 미국 자동차 시장 점유율 ★★★

2024년 6월 현재 미국에서 경상용차 Light vehicle(1톤 미만의 차)는 6개월간 789만 대가 판매되었고 2023년에 비해 2.3%가 늘었다. 2022년 미국 자동차와 부속품 시장은 미국 전체 GDP의 4.9%에 해당한다. 2024년 6월까지 1톤 미만의 차 시장에서는 GM이 16.2%를 차지하고 있고, 도요타Toyota 15%, 포드Ford 13.1%, 혼다Honda 8.7%, 스텔란티스Stellantis 8.6%, 닛산Nissan 6.02%, 현대 5.35%, 기아 4.9%, 스바루Subaru 4.1%, 테슬라 3.7%, 마즈다 Mazda 2.6%, BMW 2.39%, 폭스바겐 2.3%, 메르세데스 벤츠 2.2% 점유하고 있다.

2024년 1월 현재 미국의 평균 차 가격은 4만 7,338달러이며, 전년 동기 대비 1.2% 떨어졌다. 2022년 가장 높았던 4만 8,516달러보다 2.4% 하락했다. 중고차 가격은 평균 2만 9,300달러이다. 평균 전기차 가격은 약 5만 3,758달러이다. 전기차는 현재 연방정부에서 7,500달러의 세금 혜택을 주고 있고, 주에 따라서 몇천 달러씩 세금 혜택을 주는 곳도 있다.

개인적인 투자는 2011년부터 꾸준하게 적립식으로 퇴직 연금을 통해 이루어졌다. 15일마다 한 번씩 받는 급여에서 10%를 공제하고 학교에서 10%를 매칭해주어 월급의 총 20%를 투자했다. 보스턴에 오면서 급여가 15일에 한 번씩 나왔기 때문에 15일에 한 번씩 자동으로 주식이 매수되었다. 마이애미의 퇴직 연금 계좌는 모두 새 직장인 보스턴 노스이스턴대학 퇴직 연금 계좌로 옮겼다. 이때는 전 세계적으로 포트폴리오가 구성된International Equity Index 펀드와 미국의 성장 기업에 투자하는 펀드US Growth Fund 에 각각 50%씩 투자했다. 생활비를 조금 떼어서 투자하던 계좌는 계속해서 JP모건을 들고 가고 있었다. 시장이 워낙 좋아서 그런지 2012년에는 18.2%, 2013년에는 24.6%의 수익을 낼 수 있었다.

하지만 주식 시장에 차가운 바람이 불기 시작했다. 2014년부터 연방준비위원회(연준)는 긴축을 준비했고 2015년 12월 재닛 옐런Janet Yellen이 이끄는 연준은 2006년 이래 처음으로 기준금리를 25bp(0.25%p, 1bp=0.01%p) 올렸다. 2015년 초부터 버스 정류장에 내려 집으로 돌아가는 길에 마주치는 이웃들과 함께 연준의 금리 인상에 관해 대화하며 걱정을 나누던 기억이 난다. 모기지 금리도 3.5%대 이상까지 올랐고 부동산, 주식 시장도 함께 영향을 받았다.

내 퇴직 연금 포트폴리오는 2014년 후반기부터 2015년까지 마이너스를 기록했다. 하지만 크게 신경 쓰지 않고 내버려두었다. 이 시기에는 영주권 문제 등 신경 써야 할 일들이 아주 많았기 때문이다.

주목할 미국 정보

★★★ 긴축의 시대 ★★★

2015년 12월 0~0.25%였던 기준금리는 0.25~0.5%로 상승했다. GDP 성장률은 2.3%였고, 실업률은 5%, 인플레이션은 0.1%였다. 2016년 12월에 연준은 기준금리를 0.75%까지 올렸다. 당시 GDP 성장률은 1.7%, 실업률은 4.7%, 인플레이션은 1.3%였다. 2017년 12월까지 연준은 이자율을 1.5% 까지 올렸고, 2018년 12월에는 2.5%까지 올렸다. 2015년부터 2018년까지 총 9회에 걸쳐 금리를 올렸고 2.25~2.50%까지 금리가 올랐다. 물가를 고려하면 실질 금리는 플러스가 되었다. 그 이후 연준은 더 이상 이자율을 올리지 않기로 하고 2019년 8월 금리를 2.25%로 다시 낮추었다. 2019년 당시 GDP 성장률은 2.3%, 실업률은 3.5%, 인플레이션은 1.9%였다. 연준의 채권 계정에 있던 4조 5,000억 달러의 대차대조표Balance sheet 축소에 대해 2017년부터 말이 나오기 시작했다. 2018년부터 축소해 3조 7,000억 달러 까지 줄어들었고 상승한 금리와 함께 시장의 통화량 증가는 둔화되었다.

2016년, 재성장의 시기와 빅테크

2015년 우리 부부는 우여곡절 끝에 영주권을 받을 수 있었다. 영주권이 나오지 않아 한국에 오랫동안 머물렀던 아내는 다시 미국으로 돌아올 수 있게 되었다. 미국으로 이주한 사람들에게는 영주권 문제가 정말로 중요한 사안이다. 좋은 직장을 구하고도 비자나 영주권이 나오지 않아 돌아가는 사람이 많았다. 나도 이민 사건을 종종 맡았는데 당사자는 몇 년씩 기다리며 마음 졸여야 한다. 그 안에 해고라도 당하면 한국으로 돌아갈 수밖에 없기 때문이다. 교회 모임에서도 비자나 영주권이 잘 나오게 해

달라는 기도 요청이 늘 있었다. 좋은 로펌의 유능한 변호사를 선임하려고 해도 비용이 몇천에서 몇만 달러까지 드니 그 부담이 만만치 않다. 다행히 나는 이 문제를 혼자 처리할 수 있었다.

이때부터 2017년 딸이 태어날 때까지는 큰일 없이 안정적으로 살 수 있었다. 보스턴과 케임브리지 사이를 흐르는 찰스 강변에 앉아서 조정을 즐기는 학생들을 보며 여유 있게 책을 읽던 기억이 난다. 보스턴대학에 방문 교수로 있던 아내의 수업이 끝날 때까지 강변에서 기다리며 앞에 있던 스타벅스에서 커피도 사 마시고 강변을 거닐며 벚꽃을 즐기곤 했다. 그 무렵 읽은 책 중에 스탠퍼드대학 심리학 교수인 캐롤 드웩Carol Dweck이 쓴《마인드셋Mindset》은 지쳐가던 내 삶에 다시 생기를 불어넣어 주었다.

그 당시 40대 중반이던 나는 삶에 동기부여가 안 되고 권태감을 느끼고 있었는데 이 책을 읽고 다시 성장해야겠다는 마음을 가질 수 있었다. 차 안에서 책에 대한 감동을 나누며 나의 삶이 지금부터 큰 전환점을 맞게 될 것이라 선언하는 영상도 찍었다. 반복적이며 고인 물처럼 멈춰 있는 죽은 것 같은 인생이 아닌 인내심을 가지고 꾸준히 도전하며 성장하는 인생을 만들기 위한 작은 노력이었다. 실제로 그 이후로는 인권과 관련한 새로운 논문을 많이 쓸 수 있었고 국제 학회에서 발표도 하며 왕성하게 활동했다. 그리고 마침내 2022년에 럿거스대학Rutgers University

에서 종신 교수가 되었다. 7년 만의 성과였고 나는 또 앞으로의 15년을 계획하고 있다.

보스턴에 와서 가장 쇼핑을 많이 한 곳이 코스트코Costco다. 마켓바스켓Market Basket이나 H-마트H-mart도 좋았지만, 다양한 상품을 도매가격으로 살 수 있던 곳은 코스트코였다. 영양 보조제, 치약, 책상, 믹서기, 견과류, 퀴노아Quinoa(곡물 중 하나), 스낵, 빵, 샐러드용 채소, 소고기, 연어, 물 등을 코스트코에서 자주 샀다. 당시 삼성전자 TV도 코스트코에서 샀다. 보증 기간도 길고 가져가면 별말 없이 쉽게 바꿔주는 리턴Return 제도가 참 좋았다.

주목할 미국 기업

★★★ 코스트코 ★★★

필수 소비재를 파는 코스트코는 1976년에 설립되었으며 워싱턴주 이사콰Issaquah에 본부를 두고 있다. 미국, 푸에르토리코, 캐나다, 영국, 멕시코, 한국, 일본, 호주, 스페인, 프랑스, 아이슬란드, 중국, 대만 등에 창고형 매장을 두고 멤버십으로 운영하고 있다.

음식 등 대부분의 필수 소비재를 다루며 가전제품, 건강·미용용품, 철물, 정원용품, 타이어, 스포츠용품, 장난감, 사무용품, 자동차용품, 보석, 시계, 가구 등을 판매한다. 약국과 안경점, 636개의 주유소도 운영한다. 온라인 배달 서비스도 운영하며 여행 상품도 취급한다. 2023년 여름부터 코스트코는 1온스짜리 골드바를 팔기 시작해서 선풍적인 인기를 끌고 있다. 2023년

8월 현재 전 세계 859개의 멤버십 창고형 매장을 보유·운영하고 있는데 미국 전역에 591개의 매장이 있다. 캐나다, 멕시코, 영국, 호주, 프랑스, 스페인, 스웨덴 등 거의 모든 지역에 있는 셈이다. 2019년부터 중국에 7개의 매장을 열었고, 일본 32개, 대만 14개, 한국에도 18개나 운영 중이다. 현재 3만 1,600명을 고용하고 있다.

매출은 2024년 8월 현재 2,536억 달러이며, 2024년 2,550억 달러, 2025년 2,738억 달러가 예상된다. 2024년 8월 현재 주당순이익은 16.08달러이고, 2025년 17.78달러, 2026년 19.18달러, 2027년 20.54달러가 예상된다. 2024년 8월 현재 PER은 52.91로 동종 업계 평균 17.47보다는 높아 조금은 고평가되어 있다. 매출은 5년간 11.43%씩 증가해왔다. 주당순이익은 10.49%씩 증가할 것으로 예측되며 동종 업계 평균 6.94%보다 높다. 총 수익 마진률은 12.50%, ROE는 31.64%로 우수하다. 배당은 0.55%이고 분기별(2월, 5월, 8월, 11월)로 지급한다. 2024년 1분기 현재 코스트코의 적정 주가는 650달러 정도이다.

2016년과 2017년에는 주식 시장도 다시 크게 반등하기 시작했다. 금리는 25bp씩 기간을 두고 천천히 상승했고, 요즘과는 다르게 인플레이션이 2% 이내에서 안정적으로 움직였고 실업률도 점차 낮아졌다. 나도 이 시기에 매년 10% 정도의 수익을 낼 수 있었다. 당시 애플, 마이크로소프트, 구글, 아마존, 넷플릭스, 페이스북 등 빅테크 기업이 크게 성장했다. 20달러대(분할 후)였던 애플은 2018년 초까지 50달러대까지 올라갔고, 넷플릭스는

100달러 정도에서 400달러까지, 아마존은 30달러 정도(분할 후)에서 100달러 정도까지, 구글은 35달러 정도(분할 후)에서 60달러 정도까지, 마이크로소프트는 40달러에서 110달러까지, 메타는 80달러에서 200달러 근처까지 올랐다.

2018년,
다시 부는 차가운 바람

2018년부터 우리 가정에 이상한 일들이 일어나기 시작했다. 멀쩡히 잘 서 있던 프리우스가 방전되더니 드라이브웨이Driveway(건물 진입로)를 따라서 뒤로 굴러가 옆집 담을 허물어버렸다. 옆집이 10년 이상 쓰던 나무 담Fence을 새것으로 교체한 지 하루밖에 안 된 날이었다. 결국, 차가 파손돼 새 차를 사야 했고 옆집 담을 새로 해주고 그 뒤에 있던 창고Shed까지 수리해줘야 했다. 또한 집 지하실에 물이 갑자기 들어와 수리해야 했다.

그러던 중 뉴저지의 럿거스대학 법대에 종신 교수Tenure-track가

될 수 있는 좋은 자리가 나왔다고 해서 지원해 인터뷰를 다녀왔다. 운 좋게도 잡 오퍼를 받았고 아내와 오랜 상의 끝에 떠나기로 했다. 아내는 가르치던 학교가 아주 좋아서 처음에는 안 떠나려고 했다. 하지만 1895년에 설립된 학교가 갑자기 다른 학교에 합병되면서 교수들이 모두 일을 그만두게 되었다. 여러 가지 안 좋은 일이 자꾸 생기는 와중에 우리는 자연스럽게 맨해튼 옆 뉴저지로 이사하게 되었다. 내 인생 다섯 번째 도시로의 또 다른 출발, 이때 나이 마흔다섯이었다.

뉴욕 맨해튼에서 허드슨강을 건너 강변의 에지워터Edgewater라는 곳에 월세 아파트를 구해 1년 정도 살았다. 맨해튼으로 출근하는 사람들이 많이 사는 곳이라 그런지 아파트도 많고 일본계 마트인 미츠와Mitsuwa와 홀푸드, 트레이더조, 타깃, TJ맥스TJ Maxx 등 쇼핑센터가 잘 발달해 있었다. 한국 마트와 식당이 몰려 있는 포트리Fort Lee, 팰리세이즈 파크Palisades Park, 리지필드Ridgefield와도 차로 10분 거리로 아주 가까웠다. 당시 아파트 월세는 방 2개에 3,000달러 정도로 좀 비싼 편이었지만 만족하고 살았다.

허드슨 강변을 따라 산책하면서 맨해튼 너머로 지는 노을을 보면 기분이 좋아졌다. 한동안은 세계 경제와 문화의 중심인 맨해튼 근처로 온 기쁨에 취해 있기도 했다. 가끔은 일요일에 주차가 무료인 맨해튼으로 건너가 메트로폴리탄Metropolitan 같은 박물

관도 가고, 센트럴파크와 타임스퀘어도 걸어보고, 첼시Chelsea마켓에서 멕시코 타코를 먹고 쇼핑도 하고, 5번가와 그랜드센트럴 사이를 걸어 다니며 윈도쇼핑도 하고, 브라이언파크의 블루보틀에서 커피 한 잔을 사고, 매디슨스퀘어Madison Square에서 쉐이크쉑Shake Shack 햄버거를 먹고, 유니언스퀘어의 노점상들을 구경하며 여유를 즐기기도 했다.

2018년에는 집값이 잠시 주춤하며 떨어져서 원하는 가격에 보스턴 집을 파는 데 실패했다. 그래서 월세를 주고 뉴저지로 이사한 것이다. 미국에서 집을 파는 게 얼마나 어려운 일인지 새삼 느꼈다. 또한 1년간 원거리에서 세입자와 집을 관리했는데 생각보다 신경이 많이 쓰였다. 보일러가 터져서 보일러공을 불러 새로 교체해주고 집에 벌이 들어와 해충 구제 전문가Pest Control도 불러야 했다. 나중에 집을 팔게 되어 가보니 세입자가 마음대로 페인트칠을 해놓고 큰 개를 키우며 집과 정원을 엉망으로 만들어놓았다. 그것을 보고 인간적인 실망도 했다.

다행히 2019년 봄이 되자 집값은 다시 올랐고 구매자도 나타나 보스턴 집을 파는 동시에 맨해튼 외곽의 안전하고 학군 좋은 테너플라이에 집을 사서 안착할 수 있었다. 겨울이 지나자마자 조금 일찍 움직여서였는지 테너플라이에서는 조금 할인된 가격으로 집을 구매할 수 있었다. 다행히 코로나19를 겪으면서도

2022년까지 30% 정도 집값이 상승했다.

그 당시 미국 주식 시장을 살펴보면, 2018년부터 시작된 대차대조표 축소와 미·중 간 갈등으로 인해 증시가 크게 흔들렸다. 내 포트폴리오도 많이 빠져 마이너스를 기록했다. 2017년에 취임한 트럼프 정부 초기의 증시는 법인세 등의 감면으로 크게 올랐지만, 점점 중국을 견제하기 시작하면서 빠지기 시작했다. 2018년 3월 결국 미국으로 들어오는 중국산 철Steel과 알루미늄에 대한 관세를 각각 25%, 10% 올렸다. 2017년 8월부터 조사를 시작한 미국 무역대표부는 2018년 600억 달러에 달하는 중국 제품들에 대해 25% 관세 부과를 선언했다. 2018년 〈월스트리트저널WSJ〉은 1면에 중국 증시의 대폭락을 보도했다.

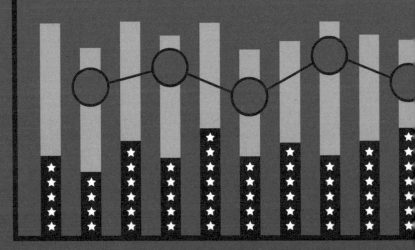

2장

현재:
위기 극복기

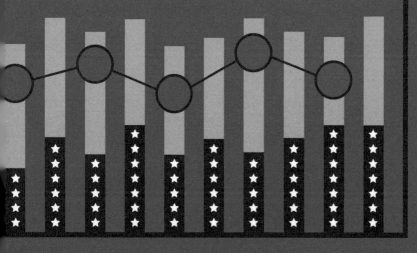

2020년 코로나19, 절망, 하지만 기회

2019년 미·중 무역 전쟁이 한창이던 때 제롬 파월Jerome Powell 이 이끌던 연준은 경기가 나빠지는 것을 두려워해 기준금리를 25bp씩 3회에 걸쳐 내렸다. 금리는 2.5%에서 1.75%까지 낮아 졌다. 물가 상승률도 PCEPersonal Consumption Expenditures(개인 소비 지 출) 기준으로 1.7%였고 연말까지 1.9%까지 올라서 실질 금리는 0%대 근처에 머물렀다. 파월은 이를 '중간 사이클 조정Mid-Cycle Adjustment'이라고 불렀다. 다행히 시장 상황이 진전되어 주식이 큰 폭으로 올랐고, 내 포트폴리오도 수익을 낼 수 있었다.

2019년에 가장 기억나는 일은 학교가 있는 뉴어크Newark의 공원Military Park을 걸어 다니던 것이다. 오래된 빌딩 숲 사이로 파란 하늘과 흰 구름을 보며 푸른 잔디밭을 따라 난 공원을 걷다 보면 힐링도 되고 기분이 무척 좋았다. 물론 그냥 산책만 좋았던 것은 아니다. 보스턴에서부터 보스턴 레스큐 미션Boston Rescue Mission을 통해 오랫동안 공원 노숙자들을 도와왔기 때문에 뉴저지에 와서도 뭔가 할 일이 있지 않을까 해서 찾아보았다. 매일 점심이면 공원을 돌아다니며 벤치에 앉아 있는 노숙자에게 안부도 묻고 이런저런 이야기도 했다. 마치 이곳에 이끌려온 것처럼 기쁜 마음으로 현금과 음식물을 챙겨주면서 그들에게 작으나마 도움의 손길을 건넸다.

그 근처에 성당에서 운영하는 '성 요한 수프 키친St. John Soup Kitchen'이란 곳이 있었는데 거기서는 매일 노숙자와 가난한 이들에게 음식을 나누어주었다. 비록 뉴저지는 미국에서 가장 잘사는 주 중 하나였지만, 뉴어크는 뉴저지에서 가장 가난한 동네였다. 점심시간이면 자주 성 요한 수프 키친을 찾아가 봉사자들과 대화를 나누었다. 주말에도 가끔 들러서 음식 만들고 나누어주는 것을 도와주었다. 크리스마스나 추수감사절에는 교회 청년들과 함께 가서 장갑, 양말, 음식 등이 든 선물 가방을 나누어주기도 했다. 사랑을 나누어주는 삶이 얼마나 행복하고 기쁜 것인지 다시 한번 느꼈다. 에리히 프롬Erich Fromm과 헨리 나우웬Henri Nouwen이 말한 사랑이 이런 것이 아니었을까 싶다.

하지만 기쁨도 잠깐이었다. 더 무서운 것이 다가오고 있었다. 2020년 1월 중국으로부터 코로나19 전염병 얘기가 나오기 시작했다. 한국에서도 1월 말에 대구 지역을 중심으로 많은 코로나19 환자가 나왔다. 2월 11일, 세계보건기구World Health Organization, WHO는 이 전염병을 'Covid-19'라고 이름 지었다. 2월 중순부터 미국도 코로나19 환자가 나오기 시작했다. 많은 사람이 공포에 떨며 집에 머물기 시작했다. 나도 3월 초까지만 학교와 공원을 갔다 왔고, 그 이후로 한참 동안 뉴어크에 가지 못했다.

그때 아내와 나는 네 살 된 아이를 차에 태우고 타깃, 페이스 밸류Face Value 등 온 동네 매장을 전전하며 세정제를 사려 했지만, 조그마한 휴대용 세정제밖에는 구할 수가 없었다. 이베이 같은 온라인 마켓에서는 이미 가격이 폭등했고 비싸더라도 주문할 수밖에 없었다. 미츠와 마트 앞에서 간절하게 알코올을 찾던 백인 노부부가 생생하게 기억난다. 세정제를 구하지 못해 알코올이라도 사려고 했던 것 같다.

그 와중에 아내는 운 좋게 일본에서 마스크를 공수해올 수 있었다. 전체 교수 회의에 갔었는데 나만 마스크를 쓰고 나타났다. 미국에서는 그 누구도 마스크를 쓰지 않았다. 한 교수에게

물어보니 문화가 다르다고 했다. 그래서 나도 사람들에게 아파서 쓰는 것이 아니라 보호를 위해서 쓰는 것이라고 일일이 설명해야 했다. 그 이후 4월 초에 밖에서 마스크를 착용하라는 행정 명령이 내려졌지만, 미국인들이 마스크를 쓰는 데는 꽤 오랜 시간이 걸렸다.

3월 중순부터 미국 이곳저곳에서 학교, 레스토랑 등에 대한 봉쇄령이 내려졌다. 나도 3월 중순부터는 집에서 근무하기 시작했다. 이후 3월 말, 나는 방역에 성공한 한국으로 아내와 딸을 안전하게 피신시켰다. 그 이후부터 2021년 6월 백신을 맞을 때까지 나는 1년 반 정도를 공포 속에서 혼자 지내야 했다. 음식과 생필품을 사는 쇼핑도 한 달에 한두 번 정도로 줄였고, 그마저도 마스크와 장갑을 착용한 채 후다닥 쇼핑만 하고 나오는 식이었다. 집에 오면 항상 샤워를 다시 하고 쇼핑한 물품들을 세정제로 다시 한번 닦아내었다. 많은 사람이 죽어갔고, 뉴욕 냉동 트럭에는 시체들이 넘쳐났다. 하트섬Hart Island에서 포크레인으로 구덩이를 파내고 대규모 집단 묘지를 만들던 모습이 TV로 생중계되었다. 2년여 동안 미국에서는 100만 명 이상이 코로나19로 세상을 떠났다. 전 세계적으로 640만 명 이상이 사망했다. 무섭고도 안타까운 현실이었다.

가족을 한국으로 보내고 집에만 있던 나는 시간이 남아돌았다. 뭐든 생산적인 일을 해야겠다는 생각이 들었다. 이 시기에 가족이나 친척 중 한 명은 유튜브를 할 정도로 유튜브의 인기가 절정에 달했다. 나도 유튜브를 시작하는 게 어떨까 하고 시도해 보았다. 2020년 가을부터 유튜브에 〈반교수TV〉를 개설하고 '내 딸에게Dear My Daughter'라는 제목의 코너를 만들어 삶의 지혜를 나누기 시작했다. 나도 코로나19에 걸려 죽을 수 있다고 생각했기 때문에 마치 유언처럼 딸에게 이런저런 얘기를 남겼다. 생각보다 구독자가 늘지 않았고 딸에게 잔소리 같은 말도 거의 다 했을 무렵 내가 그간 꾸준하게 관심을 두고 있던 경제와 주식 이야기를 해보는 게 어떨까 하는 생각이 들었다. 그래서 12월 겨울부터는 〈미국 투자 스토리(줄여서 '미투리')〉 채널을 개설해 경제와 주식을 다루기 시작했다. 딸에게 경제·금융 지식을 남겨 내가 없어도 경제적 독립을 잘 이루어나가길 바라는 마음도 담았다.

코로나19로 인해 많은 사람이 집에서 머물렀다. 그러면서 로블록스Roblox 같은 게임과 넷플릭스, 디즈니플러스 같은 스트리밍Streaming 플랫폼, 줌Zoom, 웹엑스Webex 같은 화상 채팅 프로그램들이 인기를 끌었다. 마이크로소프트의 CEO인 사티아 나델라Satya Nadella는 코로나19로 인해 미래가 2년이 앞당겨졌다는 말을 남겼다. 소프트웨어, 반도체, IT 같은 나스닥에 상장된 주식들은 성장주라고 불리며 2020년 말까지 큰 폭으로 상승했고, 2021년에는 대형 성장주 위주로 그 기세를 이어갔다.

물론 모더나Moderna, 화이자, 머크, 일라이 릴리Eli Lilly 같은 제약 회사들도 투자자들에게 인기를 얻었다. 먹는 알약까지 개발한 화이자와 머크는 2022년까지 모멘텀을 유지했다. 백신과 진단 키트, 치료제들의 개발과 함께 바이오테크 회사들도 새롭게 각광을 받게 되었다.

2023년 5월 11일 바이든 정부는 공식적으로 코로나19 긴급 사태를 종료했고, 약화된 오미크론 코로나바이러스 변종과 함께 코로나19 사태는 마무리되었다. 제약주들도 코로나 백신과 치료제 매출 수익이 줄어들었고, 2023년 8월 인플레이션 감축 법안 Inflation Reduction Act이 통과되고 바이든 정부의 지속적인 약값 하락 압력으로 2024년 전반기까지 어려움을 겪고 있다.

주목할 미국 기업

★★★ 화이자 ★★★

1849년에 설립되고 뉴욕에 본사를 둔 화이자Pfizer는 연구 기반의 바이오 제약 회사이다. 화이자는 바이오 제약과 관련된 상품들의 발견·개발·제조·마케팅·판매·배포를 하고 있다. 회사의 사업은 심장과 통증 관련 내과용 약, 생물학, 소분자, 면역 치료, 바이오시밀러Biosimilar(특허가 만료된 바이오 의약품에 대한 복제약) 등의 항암 치료제, 화이자 센터원Pfizer CenterOne과 감염병

예방, 주사제 등의 병원 관련 상품과 관절염, 코로나19 등의 백신과 희귀병, 면역 관련 약물들을 포함한다.

2024년 8월 현재 매출은 548억 달러이고 주당순이익은 0.38달러를 기록하고 있다. PER은 12.21이고 PBR은 1.78이다. 최근 코로나바이러스 백신과 치료약인 팍스로비드Paxlovid의 매출 감소로 매출 성장률은 -41%로 낮아졌지만, 매출은 점점 회복되어 2024년에는 3.47% 수준으로 회복, 증가할 것으로 예상된다. 주당순이익은 2024년 2.37달러, 2025년 2.76달러, 2026년 2.89달러를 기록할 것으로 예상되며 평균 9.53%씩 증가할 것으로 보인다. 총마진율은 59.41%이다. 배당률은 5.81%이고 분기별(3월, 6월, 9월, 12월)로 지급한다. 2024년 1분기 현재 화이자의 적정 주가는 28달러 정도이다.

★★★ 머크 ★★★

1891년에 설립되어 뉴저지에 본사를 둔 머크Merck & Co. Inc.는 제약, 백신, 생물학적 치료와 동물 건강 제품을 통해서 건강 솔루션을 제공하는 헬스케어 회사이다. 머크의 제품으로는 정신 질환과 암 등의 질병을 예방하고 치료하는 건강 제약 제품과 소아·청소년·어른용으로 구성되는 백신 제품, 동물의 질병을 치료하는 제약의 발견·개발·제조를 담당하는 동물 건강 제품이 있다.

매출은 2024년 614억 달러를 기록하고, 2025년 642억 달러, 2026년 687억 달러, 2027년 763억 달러를 예상하고 있다. 주당순이익은 2024년 8.54달러, 2025년 9.88달러, 2026년 10.82달러, 2027년 11.71달러를 예상한다. 매출 성장률은 6.11%를 기록하고, 주당순이익은 향후 3~5년간 38.39%씩 증가할 것으로 보인다. 총마진율은 74.85%, ROE는 5.29%, PER은 14.97, PBR은 5.04이다. 배당률은 2.41%이고, 분기별(1월, 4월, 7월, 10월)로 지급한다. 2024년 1분기 현재 적정 주가는 125달러 정도이다.

★★★ 일라이 릴리 ★★★

코로나19 사태는 종료되었지만, 일라이 릴리와 노보Novo 같은 회사는 다이어트약을 개발하면서 매출 성장을 이어갔다. 일라이 릴리는 1876년 인디애나의 인디애나폴리스에서 시작되었으며 현재 4만 3,000명의 직원을 고용하고 있다. 당뇨약과 항암제, 류머티즘약, 위장약, 피부병약, 알즈하이머약 등을 개발해왔는데, 최근에는 다이어트약과 알츠하이머 치료제가 승인을 받으며 가파른 상승세를 이어가며 전 세계 시총 10위권 안에 들어갔다.

2024년 매출은 359억 달러를 기록하고 있고, 2025년 527억 달러, 2026년 624억 달러, 2027년 708억 달러를 기록할 것으로 예상된다. 주당순이익은 2024년 13.75달러, 2025년 19.10달러, 2026년 25.02달러, 2027년 30.39달러로 증가할 것으로 예상된다. 향후 5년간 평균 주당순이익은 40.60%씩 성장할 것으로 보인다. 현재 PER은 130.29로 조금 고평가되어 있지만, 2025년에는 49.40으로 낮아질 것으로 보인다. 2024년 1분기 현재 적정 주가는 730달러 정도이다.

이커머스

코로나19 사태와 관련하여 가장 수혜를 입은 시장은 이커머스E-commerce가 아닐까 한다. 봉쇄 조치Lock-down로 인해 사람들은 집에서 생활했다. 백신을 맞기 시작한 2021년 6월까지는 모든 일을 집에서 할 수밖에 없었다. 나도 집에서 운동하고 집에서 일하고 집에서 회의하고 집에서 온라인 강의를 했다. 쇼핑마저도 기피한 사람들은 온라인으로 먹을 것과 생필품 등을 주문했다.

나 같은 경우도 아마존 프라임 멤버십Prime Membership에 가입해 무료로 빠른 배송 혜택을 누렸다. 비누, 치약, 샴푸, 전구, 비타민,

약, 테이프, 책, 마이크, 신발, 침대 매트리스, 잔디 깎는 기계, 전동 드릴 등을 아마존에서 주문했다. 새로운 삼성 폴더폰도 베스트바이에서 온라인으로 살 수 있었다. 월마트, 타깃, 홈디포 등 전통적인 생필품 판매 회사들도 온라인 주문이 가능하도록 했고 배달까지 해주었다. 아마존, 쇼피파이Shopify, 엣시Etsy 같은 온라인 상점들도 떠올랐다.

이커머스 시장은 2021년 현재 4,522억 달러 시장인데 2027년에는 16조 2,156억 달러 시장으로 성장하며 연평균 성장률CAGR이 22.9%씩 확대될 것으로 예상된다.

주목할 미국 기업

★★★ 아마존 ★★★

전자상거래와 클라우드 서비스 기업인 아마존은 1994년에 워싱턴주 시애틀에서 시작하여 현재는 북아메리카와 전 세계를 대상으로 사업을 펼치고 있다. 2024년 8월 현재 152만 5,000여 명을 고용하고 있다. 온라인과 오프라인 매장을 다 운영하며 소비자들에게 구독 서비스를 제공한다. 아마존은 킨들Kindle, 파이어태블릿Fire Tablet, 파이어TVFire TV, 에코Echo, 링Ring을 제조·판매하며, 미디어 콘텐츠를 개발·생산한다. 아마존은 소비자 서비스 센터를 운영하며 판매 업자들이 그들의 사업을 성장시키고 온라인 상점을 통해 제품을 팔 수 있도록 주문을 받아주는 대행 업무를 한다. 아마존은 또한 다양한 규모의 개발자들과 사업체들을 도와주는데 이에는 스타트업과 정부

부처, 학교 등이 포함된다. 클라우드 서비스인 아마존 웹서비스Amazon Web Services, AWS를 통해 컴퓨터, 저장, 데이터베이스, 분석, 인공지능 머신러닝 등의 기술 패키지를 제공한다.

2024년 1분기 현재 매출 1,433억 달러는 전년 동기보다 13% 증가했으며, 아마존 온라인 매출이 547억 달러, 제3자 판매대행서비스를 통한 매출이 346억 달러였으며, AWS 클라우드 매출은 250억 달러로 전년 동기 대비 17% 증가했다. 그 외에도 광고매출이 118억 달러로 전년 동기 24% 증가했으며, 오프라인 매장 매출도 52억 달러를 기록하고 있다. 2024년 매출 6,389억 달러, 2025년 매출 7,102억 달러, 2026년 매출 7,901억 달러, 2027년 매출 8,663억 달러가 예상된다. 주당순이익은 2024년 4.55달러, 2025년 5.74달러, 2026년 7.50달러, 2027년 8.74달러가 예상된다. 배당은 아직 안 주고 있다. 2024년 현재 PER은 54.48이며 2025년에 42.72로 줄어들 것으로 예상된다. 5년 평균 주당순이익 연성장률CAGR은 23.32%로 예측된다. 아마존의 수익성은 매우 좋으며 현재 총수익 마진율은 47.59%이고 운영 현금은 991억 달러를 보유하고 있다. 비교 기업으로는 알리바바, JD닷컴, 쇼피파이, 쿠팡 등이 있다. 2024년 1분기 현재 적정 주가는 170달러 정도이다.

코로나19 시기의 투자와 대응

나는 투자와 관련해 불안한 마음이 들었다. 그래서 2020년 2월 중순에 내 모든 주식을 채권 시장으로 옮겼다. 그러고 나서 얼마 되지 않은 2020년 2월 20일 무렵의 일이다. 불과 2년 전이라 생생하게 기억난다. 주식이 일주일 정도 엄청난 속도로 하락했다. 따로 생활비를 빼서 투자하던 계좌는 현금으로, 은퇴 계좌는 모두 채권 시장으로 옮겨두었기 때문에 나름 안심했는데 주식이 폭락한 다음 날 채권 시장도 여지없이 폭락하고 말았다. 그날 나는 모든 채권을 달러 현금 시장Cash market으로 옮겼다.

3월 중순 이후 시장은 조금씩 반등했고 이때가 기회라는 것을 감지한 나는 모든 현금을 S&P500에 속한 성장주 ETF에 조금씩 넣었다. 현금으로 바꿔놓았던, 전체 포트폴리오의 3% 정도 차지하던 생활비 계좌는 처음에는 은행주, 카드 회사, 빅테크(페이스북, 애플, 넷플릭스, 아마존, 마이크로소프트, 구글, 엔비디아) 등에 넣었다가, 나중에는 테슬라의 매력에 빠져 주가 140~180달러(분할 후)에 모두 테슬라에 넣었다. 딸 계좌도 은행의 IRA 은퇴 자금 계좌(1년에 6,000달러까지 넣어서 세금 혜택을 받는 계좌)를 따로 만들어 테슬라와 애플을 사놓았다.

퇴직 연금은 2020년에 30%, 2021년에 21%의 수익을 냈고 생활비 계좌는 2020년에 120%, 2021년에 10%의 수익을 냈다. 딸 계좌에 있던 테슬라 주식은 2022년 현재 6배 이상 올랐다. 바이든 정부가 취임한 2021년에는 대형 성장주와 가치주가 많이 올랐다. 2020년 말부터는 중소형 성장주에 투자하기 시작해 2021년 2월 말까지 수익을 크게 냈다. 그런데 그 이후부터 중소형 성장주는 1년 내내 오르락내리락을 반복하며 박스권에 갇혀 있다가 11월부터 많이 빠지기 시작했다. 나는 11월 초에 시장이 과열되었다고 판단해 중소형 성장주 비중을 30% 정도 줄이고 12월 말에 세금 손실 처리를 위해 잠시 정리했다. 그 덕분에 운 좋게도 다음 해 1월부터 오는 조정기를 잘 버틸 수 있었다.

2022년, 긴축의 시작: 고금리, 고물가, 고환율

2022년 1월 2일부터 많은 것이 변했다. 어느 정도 예상은 했지만 내가 생각한 것보다 시장은 더 빨리 움직였다. 중소형 성장주는 2021년 11월부터, 대형 성장주와 가치주는 2022년 1월 초부터 조정을 받기 시작했다. 2021년 말 오미크론 변이가 퍼지기 시작한 것에 더해, 연준이 양적 완화를 멈추고 곧 긴축Tapering을 시작할 것이라는 예상들이 나오기 시작했다. 그때까지만 해도 연준은 예정대로 계속 채권을 사고 돈을 풀고 있었다.

2021년 여름이 끝날 무렵 델타 변이가 번지며 인플레이션은 다시 심각해졌다. 그러나 연준은 기존 정책을 유지하며 돈을 계속 풀었다. 연준은 인플레이션이 일시적일 것이라고 예측한 것이다. 그러나 예상 밖으로 델타 변이와 오미크론 변이가 확산하며 전 세계 공급망Supply chain 문제가 풀리지 않았고 이것이 심각한 문제로 대두되었다. 인플레이션이 일시적일 것이라고 주장하던 연준은 이때부터 조금씩 신뢰를 잃어갔다. 시장은 금리 인상과 대차대조표 축소(매입한 채권을 다시 시장에 팜)를 통한 양적 긴축이 시작될 것이라는 공포에 휩싸였다. 25bp씩 서서히 올리던 2015년 방식과 달리 이번에는 50bp씩 올린다는 소문이 번지며 시장은 폭락해버렸다. 주식 시장은 2022년 3월에 잠깐 반등한 이후로 20% 이상 폭락해 6월까지 약세장Bear market으로 들어갔다.

물론 상황은 2015년보다 안 좋았다. 연준은 2022년에 2015년처럼 양적 긴축을 진행하고 있지만 2014년에는 인플레이션이 1%대로 심각하지 않았다. 하지만 2022년의 인플레이션은 심각했다. 2021년 6월 인플레이션은 40년 만에 최고치인 9.1%를 기록했다. 마트에서 파는 달걀값은 12개에 3달러였던 것이 7달러대까지 치솟았고 휘발유는 갤런당 평균 3달러에서 5달러까지 올랐다. 결국, 연준은 2022년 3월 25bp, 5월 50bp, 6월 75bp, 7월 75bp, 9월 75bp를 올려 3.25%까지 기준금리를 올렸다. 이후에도 11월 75bp, 12월 50bp를 올려 기준금리는 4.5%대까지 오르리라 예상된다. 2022년 9월 현재 10년물 국채 금리는 4%, 2년물 국채 금리는 4.3% 근처까지 오르는 등 채권 금리가 폭등하면서 채권 가격은 폭락했고 달러 가치는 계속 상승해 달러 인덱스가 114대에 이르렀다. 성장주 위주의 나스닥은 이자율에 더욱 부담을 느꼈고 30% 이상 폭락하며 조정을 겪었다.

주목할
미국 정보

★★★ '연방준비위원회'란 ★★★

연방준비제도Federal Reserve System(연준)는 미국의 중앙은행이다. 미국 경제의 효과적인 운영을 담당하고 있다. 연준은 미국 경제의 완전 고용(실업률 3.5% 정도), 물가 안정, 적절하고 중립적인 장기 기준금리를 달성하기 위해 통화정책을 편다. 미국과 해외에서 적극적으로 시장을 관찰하고 관여하면서 구조적 위험Systemic risks을 억제해 최소화시키기 위해 노력하며 금융 시장의 안정을 추구한다. 또한 개별 금융 기관들의 안전과 건전성을 증진하고 이 기관들의 금융 시장에 대한 영향을 전반적으로 감시한다. 미국 달러의 거래와 지불 체계의 안전 및 효율성을 증진하고 미국 소비자들을 보호하고 지역 공동체를 발전시키기 위해 노력하며 관련 법을 관리한다. 연준은 연준 은행들에 지급 준비금의 수요와 공급에 영향을 미치며 연준 기준금리에 변경을 준다. 연준 기준금리는 지급 준비금을 예치하는 기관들에 빌려주는 이자율이다. 연준 기준금리의 변화는 다른 단기 이자율, 환율, 장기 이자율, 통화량과 신용, 결국에는 고용, 생산, 상품과 서비스의 가격에도 영향을 미친다. 2022년 연준 이사회 의장은 제롬 파월이고, 부의장은 레이엘 브레이너드Lael Brainard이다.

연준 산하의 FOMCFederal Open Market Committee(연방공개시장위원회)는 1913년 연준법Federal Reserve Act이 준통화 정책Monetary policy을 세우기 위해 만든 위원회이다. 연준 이사회Board of Governors가 할인율Discount rate과 비축 필요 요건 Reserve requirements을 맡고 있다면, FOMC는 공개 시장Open market의 운영을 책임지고 있다. FOMC는 12명으로 구성되며 7명은 연준 이사회의 멤버이고, 1명은 규모가 큰 뉴욕 연준 은행의 총재, 4명은 11명의 남은 연준 은행 총재 중에서 1년 임기로 돌아가며 맡게 된다. 4명은 보스턴·필라델피아·리치먼드 그룹, 클리블랜드·시카고 그룹, 애틀랜타·세인트루이스·댈러스 그룹, 마지막으로 미니애폴리스·캔자스시티·샌프란시스코 그룹에서 1명씩 나온다. 2022년은 클리블랜드, 보스턴, 세인트루이스, 캔자스시티이고, 2023년에는 시카고, 필라델피아, 댈러스, 미니애폴리스이며, 2024년은 클리블랜드, 리치먼드, 애틀랜타, 샌프란시스코이고, 2025년에는 시카고, 보스턴, 세인트루이스와 캔자스시티이다. FOMC는 2022년 10월 현재, 1월, 3월, 5월, 6월, 7월, 9월에 이미 6회의 모임을 가졌고, 앞으로도 11월, 12월에 2회 더 모일 예정이다. 이 모임을 통해서 경제·금융 조건, 적절한 통화 정책, 가격 안정과 지속적인 경제 발전에 대한 위험들을 논의하고 정책을 결정한다.

2022년 2월 24일에는 전 세계 시장에 뜻하지 않은 사건이 또 터졌다. 러시아가 불법적으로 우크라이나에 전쟁을 일으킨 것이다. 2014년 크림반도 병합에 이어 두 번째 무력행사였다. 그 누구도 전쟁을 예상하지 못했다. 바이든 대통령은 전쟁 직전에 러시아의 전쟁 준비에 대해 경고했지만 그 누구도 개전을 믿지 않았다. 국제법과 국제 정치를 공부한 나도 믿지 못했다. 러시아도 국

경으로의 군사 이동은 일종의 훈련이라는 '코스프레'를 했다. 하지만 러시아는 결국 우크라이나가 중립을 지키지 않고 나토NATO에 가입하겠다는 것을 빌미로 전쟁을 일으켰다.

전 세계 증시는 또 한 번 폭락을 경험해야 했고 천연가스와 원유를 포함한 원자재와 곡물 가격은 폭등했다. 미국 본토가 공격받는 경우가 아니라면 미국 증시는 전쟁으로 인해 일시적인 조정만 받는다는 것을 알았기에 크게 흔들리지는 않았다. 하지만 증시는 3월 말에 잠시 진정되는가 싶다가, 전쟁이 가져온 후폭풍으로 지속된 원유가 상승과 인플레이션 압력으로 계속 조정을 겪었다. 러시아는 유럽과 미국의 봉쇄 조치Embargo에 대한 보복으로 유럽으로 가는 러시아 국영 에너지 기업 가스프롬의 천연가스관을 잠그는 조치를 단행했다. 바닷길이 막힌 우크라이나는 밀 수출 길이 차단되었고 이는 세계 곡물 가격 또한 치솟게 만들었다. 인플레이션뿐만 아니라 맥도날드, 마이크로소프트 등 많은 미국 회사가 러시아에서 사업을 철수했는데 이는 미국 기업의 매출에 적지 않은 영향을 미쳤다.

인플레이션과 더불어 세계 경제를 불안하게 만든 또 다른 요인이 중국으로부터 나왔다. 2022년 4월 초부터 중국에서는 코로나19 환자가 급격하게 늘기 시작했다. 중국은 다른 나라들과는 다르게 '제로Zero 코로나' 정책을 펴며 상하이를 포함한 많은 도시를 봉쇄·격리하기 시작했다. 주민들은 먹을 것과 마실 것도 제대로 공급받지 못한 채 5월까지 갇혀 살아야 했다.

'세계의 공장'이라 불리는 중국의 굴뚝에서는 한동안 연기가 나오지 않았다. 공산당 체제에서 코로나19를 거치며 더욱 권위주의적으로 변해가던 중국은 코로나19 통제 실패가 체제 유지에 위협이 될 것이라는 생각을 했던 것 같다. 중국이 개발한 백신은 변종 바이러스를 효과적으로 막아내지 못했다. 중국의 코로나19 사태 재발과 봉쇄 조치로 인해 중국에서 생산되던 많은 제품과 부속품들의 공급이 끊겼고, 이는 인플레이션을 더욱 부채질했다. 미국 연준도 인플레이션의 원인으로 이 점을 계속 부각시켰다.

게다가 중국은 틈틈이 대만을 공격하려고 준비했으며 때때로 로켓을 날리는 등 무력시위를 했다. 미국 또한 지지 않았다. 국가 권력 서열 3위인 하원 의장 낸시 펠로시가 대만을 방문해버렸다. 월가에 중국이 대만을 칠 것이라는 믿음이 더욱 공고해졌다. 시진핑 치하의 극우적인 중국과 이를 견제하는 미국 간의 갈등은 더욱 악화되었고 골드만삭스 등 미국 투자 은행들은 중국의 투자 등급을 낮추어갔다.

이 시기에 환율 또한 많이 올라갔다. 영국 파운드, 스웨덴 크로나, 스위스 프랑, 캐나다 달러와 일본 엔화를 포함해 6개국 통화를 상대적으로 평가하는 달러 인덱스는 연초 95대에서 7월 107대,

8월 108대, 9월 114대까지 치솟았다. 인플레이션이 오면 달러 가치가 떨어져야 정상이겠지만 다른 나라들 역시 인플레이션이 심각한 상황이었고 스태그플레이션이 우려되었다. 영국과 유럽도 소비자 물가가 10%대까지 치솟았다. 상대적으로 경기가 좋은 미국은 실업률 3.5%를 달성하며 달러화가 강세를 이어갔다. 금리 상승과 대차대조표 축소 또한 시장에서 통화를 줄여갔고 투자금은 불안한 주식·채권 시장을 떠나 달러 현금 시장으로 몰려들었다.

인플레이션, 고금리, 고환율 시대에 미국 주식에 대한 투자는 적절하다고 생각한다. 물가가 오르므로 자산을 가져가는 것이 맞고 연준의 통화 긴축 정책과 미국 경기의 상대적 강세로 환율이 계속 올라가고 쉽게 떨어지지 않으므로 미국 주식을 가지고 있으면 환차익까지 남길 수 있다. 물론 신흥국 시장에서도 투자금은 빠져나간다. 기준금리가 계속 오르므로 채권 금리도 따라서 오르고 채권 가격은 떨어진다. 고금리에 성장주들은 미래 수익에 대한 할인율이 올라 영향을 받긴 하지만 금리 상승에도 영향을 받지 않는 방어적인 가치주와 대형 성장주들은 계속해 빛을 볼 것이라 예상한다.

이 시기에 나는 연초부터 S&P500을 추종하는 SPY나 VOO와 비슷한 퇴직 연금 펀드에 투자해 방어를 시작했다. 주식 시장이 폭락을 거듭했지만 8월 말까지 −14% 정도에서 잘 방어했다.

S&P500 기준 지수가 -20% 근처까지 떨어진 것에 비하면 알파α를 달성한 것 같다. 보통 알파 전략은 지수에 본인 포트폴리오의 위험도인 베타값을 곱한 후에 그보다 얼마나 성적을 잘 냈는가로 계산한다. 베타값은 보통 기준 지수, 예를 들어 S&P500과 같게 구성될 때는 1을 주고, 조금 더 위험하면 1.2처럼 1보다 높다. S&P500이 5% 오르면 '5×1.2'의 계산이므로 6%의 수익을 내야 정상이다. 그런데 이보다 높게 10%의 수익을 내면 4%의 알파를 달성했다고 보고 성공적인 투자라고 평가할 수 있다. 하지만 이런 계산이 복잡하다면 간단하게 알파는 지수보다 몇 퍼센트 잘했는지로 결정된다고 보면 된다.

월급에서 나가는 적립식 투자로 꾸준하게 떨어진 성장주를 사들여 8월 중순까지 수익을 많이 냈다. 또한 생활비 계좌에서는 테슬라를 60% 이상 모으며 6월부터 찾아온 여름의 상승기를 즐길 수 있었다. 8월 중순에는 S&P500이 4,300 근처까지 오르고 VIX도 20 밑으로 떨어지고 시장이 약간은 과열된 듯한 느낌이 들었다. 그래서 전술적으로 현금 비중을 50%까지 올렸다.

2022년 8월까지만 해도 3.75% 정도로 예상되던 기준금리가 8월 말 제롬 파월의 잭슨홀 연설로 예상치가 올라가기 시작했다. 소비자 물가 지수CPI가 8.5% 낮아졌음에도 불구하고, 파월 의장은 고통을 겪더라도 인플레이션을 잡겠다는 강력한 의지를 담은 발언을 해 주식 시장을 얼어붙게 했다. 2022년 9월 13일 소비자 물가 지수가 예상보다 적은 수치인 8.3%로 하락하자 시장은 더욱 냉각되었다. 기준금리는 2022년 3월 0.25~0.50% 수준에서 2022년 말까지 빠르게 4.25~4.5% 수준까지 올렸다. 9월 19일까지 S&P500은 3,840 정도까지 내려왔고 나는 지지선에 닿을 때마다 조금씩 주식을 사들여 현금 비중이 20% 정도까지 줄어들었다. 경직된 시장은 공포가 팽배하고 앞으로 더 떨어질 수 있지만, 나는 은퇴를 바라보고 계속해서 적정 주가보다 많이 내려간 주식들을 사들였고 2023년에 장이 어느 정도 회복되면서 많은 수익을 낼 수 있었다.

연준은 2023년에도 금리를 올리며 7월까지 5.25~5.5%까지 올렸다. 결국 2023년 3월에는 높은 기준금리로 인해서 장기채와 암호화폐를 많이 보유하고 있던 실리콘밸리 은행SVB, 시그니처 은행Signature Bank, 퍼스트리퍼블릭 은행 등 지역 은행들이 손해를 보며 파산했다. 스위스의 투자은행 크레디트스위스Credit Suisse도 위기를 겪으며 또다른 스위스의 투자은행인 UBS에 인수되었다. 주식 시장은 다시 한 번 위기를 겪으며 S&P500이 3,860까지 밀렸고 '줍줍'할 수 있는 기회를 주었다. 결국 정부와 JP모건의 주도로 은행 문제가 잘 해결되고, 대형 은행으로까지 번지지는 않았으며 주식 시장은 여름에 4,580선까지 회복되었다. 주식 시장은 8월부터 9월까지 채권 금리 상승과 강달러로 다시 한 번 풀백Pull-back을 겪었으며, 특히 10월의 이스라엘과 하마스 전쟁으로 기름값이 치솟으며 S&P500은 4,100선까지 밀렸지만 금리, 달러, 기름값이 다시 안정되며 2023년은 4,700대로 마무리되었다.

2024년 8월 현재에도 기준금리는 5.25~5.5%로 고금리를 유지하고, 물가도 2.6%를 기록하고, 실질 금리가 2%가 넘어가며 실질 경제에 영향을 미치고 있다. 실업률은 4.1%까지 높아졌으며, 미국의 GDP는 1.4%까지 위축되어 있는 상태이다. 2024년 1분기까지 기업들은 물가를 소비자에게 전가시키기 어려워졌지만, 실적을 잘 내었으며, 경착륙Hard-landing인 경기 침체Recession보다는 연착륙Soft-landing인 경기 둔화가 예상되고 있다. 연준의 제롬 파월 의장은 물가가 둔화되고 있는 과정Disinflationary process이라고 말하며, 연준의 2% 물가 목표 달성에 조금 더 자신감이 생겼다고 말하고 있다. 노동시장의 실업률이 올라가고 미국 경기도 많이 식고 있으며 금리도 시기적절하게 내릴 것을 표방하고 있다.

2024년 7월 현재 연준은 9월에 금리를 한 번 내리고 12월까지 두 번 이상 내릴 것이라고 시장은 예상하고 있다. 금리 인하에 대한 기대와 인공지능 관련 기업들의 주도로 미국 주식 시장은 S&P가 5,660대까지 오르며 38번째 최고치를 갱신하였고, 2024년 11월 대선을 앞두고 있다.

3장

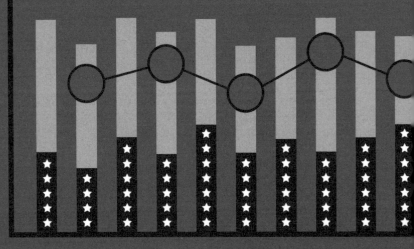

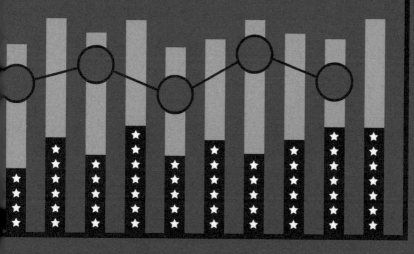

미래:
4차 산업혁명과 투자

2015년
보스턴

2011년부터 2018년까지 4차 산업혁명이라는 변화의 시기에 보스턴에 살았다는 것은 그 자체로 축복이었다. 미국의 95번 고속도로는 마이애미에서 북쪽의 메인까지 남북을 가로지르는데, 보스턴을 지날 때는 다운타운을 관통하는 도로와 외곽으로 돌아가는 두 갈래 길로 나뉜다. 시 외곽으로 도는 도로를 원트웬티에이트128, One Twenty Eight라고 부르는데, 이 도로 주변에 많은 성장 기술 벤처 기업들이 모여 있다. 미국 학문의 중심지답게 하버드와 MIT, 터프츠, 보스턴, 노스이스턴, 보스턴칼리지 등 40여 개의 대학이 모여 있는 보스턴에서 배출된 유능한 과학자와 기술자, 생명공학자들이 케임브리지와 원트웬티에이트 인근의 많은 기업에서 발명과 혁신을 지속하고 있다.

나는 2015년부터 노스이스턴대학이 주최하는 기술 박람회 TEXPO에 참여했다. '뉴노멀'이라는 개념이 등장한 2010년대 초기부터 수업과 관련된 새로운 기술들에 지속적으로 관심을 가졌다. 그러다 2017년 보스턴에서 증강 현실 같은 하드웨어 영역에서 뜻하지 않은 기술의 발전을 경험하게 되었다. 그 이전까지는 웹2.0 등 소셜미디어와 스마트폰의 등장에 주목하며 다양한 소프트웨어적인 애플리케이션의 사용에 관심을 가지고 집중해왔다. 그러나 세상은 그보다도 더 빠르게 변화하고 있었다.

구글이 이미 증강 현실Augmented Reality 안경을 개발하려다 실패했다는 것을 알았지만, 그 당시 써본 증강 현실 안경은 말 그대로 충격적인 경험이었다. 안경을 쓰니 선글라스를 쓴 것처럼 시야가 어두워지고 약간 떨어진 곳에 화면이 보였다. 앞으로 손을 뻗어 손가락을 움직이니 다음 화면으로 넘어갔고 클릭도 가능했다. 톰 크루즈가 주연한 영화 〈마이너리티 리포트〉에서나 접할 만할 현실이 실제로 구현되기 시작한 것이다. 완벽한 기술이 아니라 어색한 부분도 있었지만, 세상이 생각보다 빠르게 진보하고 있음을 느꼈다.

2022년 현재 증강 현실을 접한 지도 5년이 흘렀다. 2015년에 엔지니어이자 경제학자인 클라우스 슈밥Klaus Schwab 박사에 의해 널리 알려진 4차 산업혁명은 그 절정기를 향해 달려가고 있다. 기존의 산업혁명이 증기기관, 전기와 철도, 전화, 컴퓨터 등의 신기술을 채택함으로써 생산과 통신 등에서 산업의 효율성을 높여왔다면, 4차 산업혁명은 기존 산업 구조를 전반적으로 바꾸기 시작했고 산업 자본주의에 근본적인 변화를 가져왔다.

4차 산업혁명을 대표하는 인공지능, 로봇, 유전자 편집, 자율주행, 나노 기술, 빅데이터, 양자컴퓨터, 자연어 처리Natural Language Processing, 5G, 사물인터넷Internet of Things, 3D 프린팅, 우주 산업 등은 우리가 보고 느끼는 세상과 디지털 세계, 생물학적 세계 간의 경계를 무너뜨리고 있으며 인간이 독점해온 산업 분야를 뿌리부터 흔들기 시작했다. 자동화는 기하급수적으로 가속화되고 기계와 기계 간의 소통은 대규모로 일어나고 있다. 인공지능은 인간 없이도 데이터를 분석하고 결정하고 예측한다. 제품의 개발과 제조, 배송과 마케팅, 서비스, 기획, 홍보, 인사 등 조직의 수평적·수직적 전 분야에 걸쳐 영향을 끼치고 있다.

기술 사용은 우리가 깨닫지 못하는 사이에 경제·산업을 넘어 정치·사회·문화의 전 분야로 퍼져나가며 인간이 경험하는 방식을 변형시키고 세계를 바꾸고 있다. 우리가 보고 느끼던 세상은 디지털 세계인 메타버스Metaverse와 융합하는 과정에 있고 현실과 디지털 세계가 혼합해 형성되는 증강 현실이 구현되어 산업과 일상생활에서 실제로 쓰이고 있다. 이제 기술 정책은 이러한 세상을 보는 패러다임의 변화를 반영해야 하는 시기에 도달했다.

4차 산업혁명

지금 세상은 4차 산업혁명의 시작과 함께 많은 변화를 겪고 있다. 인공지능, 로봇, 자율주행, 사물인터넷, 빅데이터, 5G, 자연어 처리, 클라우드 서비스 등 4차 산업혁명의 변화는 2010년대부터 시작되었고 우리는 이미 그것을 경험하고 있다. 그 이전의 산업혁명들이 사람을 이롭게 하는 기술이 등장해 일어난 변화였다면, 4차 산업혁명은 기본적으로 인간이 하던 역할을 새로운 기술이 대체하는 변화이다. 마이크로소프트의 CEO 사티아 나델라가 말했듯이, 2020년 2월 코로나19 사태가 일어난 이후에 사람들의 인식은 많이 바뀌었고 우리의 미래는 더욱 앞당겨졌다.

사람들은 점차 재택근무를 당연시하게 되었고 공간과 노동력에 대해 새로운 인식을 하기 시작했다. 1970년대 이래로 무어의 법칙Moore's Law에 따라 기술은 기하급수적Exponentially으로 발전했고 생산 비용도 많이 줄어들고 있다. 인공지능의 발전도 30년쯤 후에는 특이점Singularity을 지나가고 결국엔 인간이 통제할 수 있는 영역을 벗어나 슈퍼 지능Super-intelligence의 단계로 넘어갈 수 있다. 범용 인공지능Artificial General Intelligence이 금융, 자율주행, 통역, 상황 진단, 일기 예보 등의 어느 한 분야에서만 사용되는 것이 아니라 여러 분야에서 한 번에 딥러닝Deep Learning을 통한 다중 지능Multiple intelligence을 실현하고 로봇과 결합한다면 무서운 힘을 발휘하게 될 것이다.

기업들도 이러한 세상의 변화에 발맞추어 변해가려고 노력하고 있다. 2010년대만 해도 초기 단계에 수익을 못 내던 4차 산업혁명 관련 기업들이 이제는 대량 생산을 통해 규모의 경제를 달성하고 큰 수익을 내고 있다. 구글, 애플, 마이크로소프트, 아마존, 메타플랫폼, 엔비디아, 테슬라 같은 기업들이 전 세계 4차 산업혁명을 이끌고 있다. 그리고 인공지능, 자율주행, 메타버스, 증강 현실, 클라우드 서비스, 이커머스, 우주 산업, 로봇, 드론 등 다양한 분야에서 연구개발 비용을 계속해서 늘려나가고 있다. 이처럼 대형 빅테크 회사들뿐만 아니라 많은 중소형 테크 및 소프트웨어 회사들도 4차 산업혁명에 기여하고 있다.

아주 오랫동안 우리 생활의 필수 영역으로 존재했던 소비재와 유틸리티, 에너지와 헬스케어 회사들은 기술 발전에 힘입어 꾸준히 수익을 내며 지속될 것이다. 하지만 2025년 이후 10년 동안 우리의 세상과 삶에 더 큰 영향을 미치는 기업은 4차 산업혁명을 주도하는 기업이 될 것이다. 그래서 우리의 투자 방향도 이 변화에 발맞추어야 할 것이다.

2022년 들어 인플레이션과 각국 정부의 통화·재정 긴축 정책으로 당분간 성장주들이 어려움을 겪을지 모른다. 그렇지만 2025년 이후, 장기적으로 은퇴할 때까지를 생각한다면 주가가 많이 낮아질 때 조금씩 모아두는 것도 현명한 선택이 될 것이다. 열심히 공부해서 멀리 보고 긍정적인 관점에서 투자한 주식들을 오랫동안 잘 가지고 가기를 바란다. 피터 린치가 말하는 텐배거10 bagger, 즉 10루타를 칠 수 있는 종목들을 지금 잘 고를 수 있는 안목이 곧 생기고 오랫동안 인내하며 잘 기다릴 수 있기를 바란다.

무어의 법칙

4차 산업혁명이 점점 무르익어 절정의 시기에 도달하기까지 얼마나 남았을까? 이미 2010년대 중반부터 시작한 4차 산업혁명은 짧게는 2025년에서 2030년, 길게는 2050년 무렵에 그 완성기에 도달할 것이라는 게 전문가들의 전망이다. 향후 10년 이내로 짧게 보는 시각도 존재하는데, 그 이유는 무어의 법칙과 규모의 경제 등을 통한 비용 감소와 더불어 기하급수적인 기술 발전이 이루어질 것으로 보기 때문이다.

무어의 법칙은 1965년 인텔의 공동 설립자였던 고든 무어가 내놓았다. 인텔 프로세서의 트랜지스터 집적수의 성장을 분석하면서 기술 발전이 2년마다 2배씩 증가하고 연평균 성장률이 41%씩 증가한다고 규정했다. 반도체 메모리칩의 발전에 의해 컴퓨터의 성능 또한 2배씩 향상되며 비용은 절반으로 줄어들게 된다. 4차 산업혁명의 핵심이 빅데이터 분석 능력과 인공지능 알고리듬의 빠른 연산 능력이라면, 무어의 법칙은 4차 산업혁명의 절정에 매우 빠르게 도달할 수 있음을 시사한다. 무어의 법칙에 더해 통신 채널의 속도가 1년에 2배씩 증가한다는 길더의 법칙 또한 4차 산업혁명의 빠른 발전 속도를 시사해준다.

기술 발전과 함께 4차 산업혁명의 빠른 완성에 중요한 요소는 비용이다. 무어의 또 다른 법칙인 '록의 법칙Rock's Law'에 따르면 초기의 연구개발 비용과 제조 테스트 비용 등은 시간이 지나면 2년에 절반씩 줄어든다. 또한 4차 산업혁명은 로봇과 인공지능의 발전과 함께 자동화의 속도를 높여 대량 생산을 가능하게 해준다. 대량 생산을 통한 규모의 경제를 달성하면 비용 절감 효과를 가져온다. 생산이 2배 이상씩 누적되면 비용이 지속적으로 감소한다는 '라이트의 법칙Wright's Law' 역시 이를 뒷받침해준다. 인공지능과 컴퓨터 계산 능력 등 소프트웨어의 발전은 기존 '굴뚝형' 제조업 성장보다 상대적으로 비용이 적게 들기 때문에 발전 속도가 더 빨라질 것은 명확하다.

이처럼 4차 산업혁명의 기술 발전이 기하급수적으로, 즉 제곱으로 증가하고 있고 관련 비용 또한 빠르게 감소하고 있기 때문에 4차 산업혁명은 우리가 생각하는 것보다 더욱 빠르게 우리의 삶 속으로 침투하고 있다. 2015년 4차 산업혁명이라는 말이 유행하기 시작하고 9년이 지난 지금 전 세계의 크고 작은 기업들이 이미 많은 제품과 서비스를 쏟아내고 있다. 나아가 미국의 빅테크 기업들처럼 높은 순이익을 기록하는 기업들도 많이 관찰되고 있는 게 현실이다.

4차 산업혁명 투자자의 근본적인 질문 2가지

　　4차 산업혁명이 한창 진행되고 있는 지금 우리는 '과연 4차 산업혁명에 투자해야 하는가'라는 근본적인 질문을 던질 수 있다. 또한 '어떤 기업에 투자해야 하는가'도 중요한 질문이다. 첫 번째 질문의 답은 투자자가 어떤 투자 전략을 세우는가에 달려 있고 두 번째 질문에 대한 해답은 혁신 전파의 법칙Law of Diffusion of Innovation에서 찾을 수 있다.

질문 1. 왜 4차 산업혁명에 투자해야 하는가?

4차 산업혁명과 관련된 대부분의 기업은 소위 말하는 나스닥이나 코스닥에 상장한 성장 기업들이다. 그런데 가치 투자나 배당주 투자 전략을 쓰는 투자자들은 위험성이 높은 성장 기업에 대한 투자를 자제한다. 물론 이미 많이 성장한 애플, 마이크로소프트, 구글, 아마존 같은 큰 기업들은 가치 투자자들도 관심을 보인다. 하지만 4차 산업혁명과 관련된 대부분의 기업은 아직 중소형에 머무르는 경우가 많아서 성장 투자 전략가들에게 큰 관심을 받는다. 우리에게 많이 알려진 캐시 우드Cathie Wood의 아크 인베스트먼트ARK Investment나 손정의 회장이 이끄는 소프트뱅크가 대표적인 투자사이다. 그 밖에도 블랙록이나 뱅가드 같은 퇴직 연금과 헤지펀드들도 적극적으로 성장주 투자 전략을 펼치고 있다. 물론 많은 소매 투자 기관과 개인들도 성장주 투자를 하고 있다.

4차 산업혁명과 관련된 성장주 투자는 회사가 성공만 한다면 크게 수익을 낼 가능성이 있지만 그만큼 위험도도 크다. 가치 투자와는 다르게 순이익을 못 내는 회사가 많아 ROE 계산이 안 되며 회사의 내재적 가치나 자산보다 고평가되어 있을 가능성이 크다. 현재의 높은 PER을 안고 투자를 하는데 변동성도 높고 성장이 둔화되면 주가가 크게 하락할 위험이 있다. 또한 현재는 수익이 안 나는 기업이 많아서 EPS(주당순이익)와 PER이 안 나와, 적정 주가 계산이 안 되는 경우가 많다. 대부분의 성장 기업들은 배당을 주기보다는 수익을 재투자하고 유무상 증자나 채권을 많이 발행하는 경향이 있는 것도 사실이다. 특허와 기술력은 있지만 단기적으로는 연구개발 비용과 생산 시설 확충 등에 다양하게 많이 지출해야 하는 기업들이 대부분이다.

다른 한편으로는 4차 산업혁명과 관련된 신기술에 투자하면 회사의 빠른 성장에 발맞추어 주가의 빠른 상승에 의한 고수익을 낼 수 있다. 대부분의 성장주는 PER이나 PSR(주가매출비율)이 굉장히 높고 해가 갈수록 줄어드는 경향이 있다. 예를 들면 현재 PER이 100이라 하더라도 몇 년이 지나면 고성장으로 20 밑으로 떨어질 가능성이 크다.

따라서 새로운 성장 기업을 선택할 때는 가치 투자자들처럼 많은 공부가 필요하다. 성장 기업은 미디어에 노출이 잘 안 된 경우가 많으므로 특히 한국에서는 직접 방문하거나 전화를 해서 정보를 알아내야 할 때도 있다. 그만큼 왜곡된 정보를 골라내기 힘들 때가 많다. 중국이나 이스라엘 기업들처럼 언어적 제한으로 정보 파악이 힘든 경우도 있다. 믿을 만한 정보도 없이 무턱대고 투자했다가 큰 손해를 입기도 한다. 공매도를 주도하는 연구 기관에서 나온 보고서에 큰 타격을 입을 수도 있다.

4차 산업혁명과 관련된 성장주 투자를 하는 경우에는 기본적으로 분기별로 나오는 회사의 수익 발표를 주의 깊게 살펴야 한다. 좋은 제품과 서비스를 계속해서 제공해 수익이 지속적으로 성장하는지 점검이 필요하다. 그리고 회사의 수익 마진Margin을 살펴서 회사가 비용을 잘 줄여나가는지도 확인해야 한다. 매출은 느는데 비용 절감을 못 한다면 성장은 제한된다. 또한 투자받은 현금을 얼마나 빨리 소진하는가도 지속적으로 관찰해야 하고 ROE 점검을 통해 투자 금액 대비 어느 정도의 수익을 창출하는지도 살펴야 한다. 매출 성장률도 꾸준히 봐야 하고 지난 3~5년간의 주가 흐름을 보며 모멘텀도 확인해야 한다. 모멘텀이 안 좋다는 것은 기관과 개인 투자자들이 그 주식에 관심을 안 가진다는 해석이 가능하다. 따라서 실적이 아무리 좋아도 주가가 안 오르는 경우도 생긴다.

4차 산업혁명과 관련된 성장 투자자들은 지금 당장의 높은 밸류에이션보다 앞으로의 성장 가능성을 더 중요시한다. 따라서 성장 투자자에게는 PER보다는 PEGPrice to Earnings Growth Ratio(주가수익성장비율)가 더 중요한 가치 척도가 된다. PEG는 PER이 성장성을 고려하지 않아 다른 기업과의 비교에 어려움을 줄 수 있기 때문에 PER을 성장률Growth로 나누어 밸류에이션을 책정하는 방식이다. 예를 들면 테슬라의 2022년 10월 현재 PER은 78.23이다. 너무 비싸 보인다. 가치 투자자(또는 퀀트 투자자)는 PER이 20 미만으로 떨어질 가능성이 없으면 이를 사지 않는다. 하지만 78.23의 PER을 테슬라의 매출 성장률인 40%로 나누면 1.95의 PEG가 나온다. 동종 업계의 가치주인 GMGeneral Motors의 경우 PER은 6이지만, 2.09%씩 성장하기에 PEG는 2.86이 나온다. PER만 놓고 두 회사를 비교하면 13.03배라는 큰 차이를 보이지만, PEG로 계산하면 테슬라가 더 싸 보인다. 물론 PEG가 1보다 높아서 여전히 비싸 보이긴 해도 지나치게 비싸다는 생각은 안 든다. 하지만 성장주 투자를 할 때는 PEG가 동종 업계 평균보다 싸질 때나 1보다 낮아질때 구매하는 전략을 펴는 것이 좋다.

질문 2. 4차 산업혁명과 관련해 어떤 회사에 투자해야 하는가?

미국의 사회학자 에버렛 로저스Everett Rogers는 《개혁의 확산 Diffusion of Innovations》(1962)이라는 책을 통해 '혁신 확산 이론'을 주창했다. 혁신이 한 사회 체계 내에서 시간을 두고 전파(확산)된다는 개념이다. 어떤 회사가 새로운 혁신Innovation 상품을 시장에 내놓았을 때 모든 잠재적 고객이 그 제품이나 서비스를 사지는 않는다. 혁신과 혁신적인 제품은 어떤 이들에게는 멋져 보여서 일찍 받아들여지기도 하지만 어떤 이들에게는 크게 관심을 주지 못한다. 구체적으로 처음 혁신적인 제품이 나오면 전체 인구의

2.5%에 해당하는 개발자들이 받아들이고 이후 새로운 것을 좋아하는 13.5%의 얼리어답터Early Adopters가 받아들인다. 그 혁신제품이 어느 정도 괜찮다고 여겨지면 초기 다수인 34%가 받아들이게 된다. 인구의 34%인 늦은 다수는 인구의 50% 이상이 받아들여 기술이 질적으로 확실히 좋다고 생각하고 가격도 더 싸지면 받아들인다. 한 혁신적인 제품이 대다수 사람에게서 확실하게 좋다고 인정되고 주변에서 받아들여질 때 그들도 덩달아 받아들이게 된다. 그들은 위험 회피 성향이 높은 사람들이다. 나머지 16%는 느림보Laggard라 불리는데 전에 쓰던 제품이 더 이상 나오지 않을 때까지 쓴다. 이들은 스마트폰이 나왔는데도 여전히 2G 폴더폰이나 집에서 쓰던 예전 유선 전화를 사용하면서도 기존 기술에 전혀 불편함을 못 느낀다.

한 제품의 사이클에는 시간상 인구의 16%를 차지하는 개발자(2.5%) 및 얼리어답터(13.5%)와 34%의 초기 다수가 받아들이는 사이에 커다란 계곡Chasm이 존재한다. 이 계곡을 넘어갈 수 있을 때 그 혁신은 성공을 이루어낼 수 있다. 요즘 같은 4차 산업혁명 진행기에는 인공지능, 자율주행, 자연어 처리, 빅데이터, 클라우드 서비스 등에서 많은 혁신적인 제품이 캘리포니아 실리콘밸리나 보스턴 128의 많은 성장 회사로부터 쏟아져 나온다. 하지만 이 모든 혁신 제품과 그것을 생산하는 회사가 모두 살아남을 수는 없다. 최초 소비자 16% 이후의 계곡을 넘어서 초기 다수 34%에 이르기까지 인구의 50% 이상이 받아들이는 제품을 만들고 홍보하며 대량 생산을 통해 비용을 줄여 수익을 내는 것은 정말 도전적인 일이다.

따라서 투자할 회사를 고를 때 그 회사에서 내놓는 제품이 같은 섹터 내 경쟁에서 살아남아 성공할 수 있는 경쟁력 Competitive advantages을 갖추었는가를 살펴야 한다. 그리고 절대적으로 한 나라 혹은 전 세계 인구의 16% 이상이 받아들일 수 있는 혁신 제품인가를 고려해야 한다. 2010년대 초반에 혁신적인 제품을 내놓았지만, 사람들의 관심을 끌지 못하고 지속적인 투자를 받지 못해 망한 회사들이 많다는 점도 기억해야 한다. 애플, 마이크로소프트, 아마존, 구글, 넷플릭스, 테슬라 등은 이 시기를 잘 견뎌서 성공한 기업들이다. 이들이 혁신의 계곡을 넘어 성공한 데는 여러 가지 이유가 있을 것이다. 기술, 디자인, 비전, 추구하는 목적 등 회사가 제공하는 혁신 제품의 여러 측면이 대중을 사로잡았기 때문이다. 4차 산업혁명의 한 중간에 선 우리가 2022년 현재, 짧게는 2025년에서 2030년, 길게는 2040년에서 2050년까지 혁신의 계곡을 넘어서 성공할 수 있는 기업을 잘찾아 투자한다면 그 회사는 텐 배거 기업이 될 가능성이 크고 우리의 은퇴는 더욱 화려해지지 않을까 한다.

텐 배거는 피터 린치Peter Lynch의 《전설로 떠나는 월가의 영웅 One Up on Wall Street》(2000)에 나오는 용어로, 초기 투자 금액보다 10배나 오른 '10루타'를 친 종목을 말한다. 다음 사례들처럼 그 성장성을 보고 미리 선점한 기업들은 10배 이상 올랐고 텐 배거가 되었다.

- 💲 **테슬라(TSLA)**: 9.97달러(2014년 1월 2일)
  → 248.23달러(2024년 7월 12일)
- 💲 **애플(AAPL)**: 19.32달러(2014년 1월 2일)
  → 230.54달러(2024년 7월 12일)
- 💲 **구글(GOOG)**: 17.92달러(2013년 1월 2일)
  → 186.62달러(2024년 7월 12일)
- 💲 **아마존(AMZN)**: 19.82달러(2014년 1월 3일)
  → 200.03달러(2024년 7월 11일)
- 💲 **마이크로소프트(MSFT)**: 36.91달러(2014년 1월 3일)
  → 453.71달러(2024년 7월 12일)
- 💲 **메타플랫폼스(FB)**: 47.94달러(2013년 12월 6일)
  → 498.12달러(2024년 7월 12일)
- 💲 **넷플릭스(NFLX)**: 51.87달러(2014년 1월 2일)
  → 647.60달러(2024년 7월 12일)
- 💲 **엔비디아(NVDA)**: 7.07달러(2020년 5월 1일)
  → 129.28달러(2024년 7월 12일)

보통은 폭발적인 성장성을 가진 주식들을 의미하는데 처음 상장한 기업이나 저평가되거나 알려지지 않은 소형주가 텐 배거가 될 가능성이 크고 애플 같은 비싼 주식의 경우에는 텐 배거가 될 가능성이 작다. 2014년의 텐 배거 유망 기업이 2024년에 텐 배거가 되더라도 2024년 이후 다시 텐 배거가 된다는 보장은 없다. 그 기업이 계속해서 연구개발에 투자하고 많은 특허를 내어 경제적 해자Economic moat를 유지하며, 경쟁적 우위에 서 있지 않으면 성장은 둔화되어 가치주가 되기 마련이다.

10달러짜리 주식이 매년 26%씩 10년 정도 성장하면 100달러가 넘을 가능성이 크다. 이렇게 성장하기 위해서는 기술, 세금, 경쟁 등 회사의 내외적 요건이 받쳐주어야 한다. 기본적으로 회사의 수익성, 비용 절감, 높은 성장률 등 기본 펀더멘탈이 10년간 평균 26% 이상의 성장을 보장해줄 정도로 튼튼해야 한다. 또한 다음의 요건들도 갖추는 것이 좋다.

- ⑤ 경쟁에서 이길 수 있는 혁신적인 기술을 포함한 독특한 제품을 가진 회사
- ⑤ 오랫동안 쉽게 경쟁자들이 따라 할 수 없는 특허 등의 보호를 받는 새 기술을 가진 회사
- ⑤ 인구의 16% 이상이 받아들일 수 있는 향후 10년간의 흐름을 주도할 회사
- ⑤ 반독점 규제 등 정부의 규제 등에서 자유로우면서도 대체 에너지같이 최근 정부들의 호의적인 정책 환경이 지속될 수 있는 회사
- ⑤ 투자자들이 지속적으로 관심을 가질 수 있는 회사

텐 배거는 10년 이상 오래 기다려야 한다는 것을 잊지 않아야 하고 그보다 짧게 이룰 수도 있지만 위험성도 높다는 것은 꼭 기억해야 한다.

이렇게 끊임없이 노력해 연구하고 공부하다 보면 좋은 회사를 고르는 안목이 생긴다. 게라지 세일Garage Sale(중고품 판매)이나 에스테이트 세일Estate Sale(유산 정리 판매) 현장에 가서 아주 희귀한 골동품 같은 보물을 찾아내는 안목은 역사와 미술에 대한 오랜 공부가 바탕이 되고 직접 경험을 쌓을 때 생긴다. 이와 마찬가지로 좋은 회사를 발굴하는 데도 오랜 경험과 연구가 필요하다. 좋은 안목으로 고른 주식은 튼튼한 묘목과 같다. 은퇴할 때까지 병충해를 이겨내며 많은 과실을 맺어 결국 큰 수익을 가져다주는 인생 주식이 될 것이다.

인공지능

나는 2019년부터 인공지능을 연구하기 시작했다. 2020년에는 미국국제법학회American Society of International Law에서 인공지능과 인권에 대해 발표했고, 〈럿거스 국제법 저널〉에 논문을 게재하기도 했다. 한국의 국제법학회, 국회도서관, 한국교원대와 경북대에서도 인공지능에 관한 발표를 할 수 있었다. 물론 관련 투자도 진행했다.

4차 산업혁명의 중심에는 인공지능Artificial Intelligence, AI이 있다. 인공지능은 1931년에 증명할 수 없는 계산식과 함께 그 개념이

나왔고 1956년에 존 매카시John MacCarthy가 용어를 사용하기 시작했다고 알려져 있다. 하지만 현대적 의미의 인공지능은 포괄적 개념으로 프로그램을 이용해 인간처럼 생각하고 배우는 딥러닝이나 지속적인 인간의 간섭이 필요한 데이터 기반의 머신러닝을 포함한다. 알고리듬을 이용해 미래를 예측하고 복잡한 일을 해결할 수 있는 컴퓨터 기계나 시스템이라고 볼 수 있다. 인공지능 알고리듬(계산 과정과 규칙들)은 과거와 현재의 많은 데이터를 담는 빅데이터와 함께할 때 더욱 효과적으로 작동한다.

인공지능은 인간과 같은 선택을 할 수 있으며 인간의 이성적인 생각을 따라 한다. 인공지능은 공장의 로봇이 노동 집약적인 절차를 더욱 효율적으로 할 수 있게 도와준다. 인공지능은 과거 또는 현재의 데이터를 효율적으로 분석하며 딥러닝을 통해 계속해서 학습해 불규칙을 발견하고 자연어 처리를 한다. 따라서 인공지능을 세분화하면 예상을 하는 '증강 지능Augmented intelligence', 결정을 내리는 '자율 지능Autonomous intelligence', 노동 로봇을 도와주는 '자동화 지능Automated intelligence', 데이터 분석을 위한 '보조 지능Assisted intelligence'으로 나눌 수 있다.

인공지능 분야는 2020년에 들어서면서 대규모 언어 모델이 등장하기 시작했고, 특정한 일만 처리하지 않고 일반적인 목적의 언어와 자연어 처리를 더 잘할 수 있게 되었다. 즉 이는 텍스트Text를 생성하고, 코드를 완성시키며, 의역과 부연설명 및 요약을 해주고, 분류와 비슷한 것들을 찾아내는 등 생성형 인공지능Generative AI의 등장을 말한다. 텍스트를 넣어주면 반복적으로 다음 문자를 예측하게 된다. 오픈AI의 챗GPT와 마이크로소프트의 코파일럿Copilot에 쓰이는 GPT-3.5, GPT-4, GPT-4o, 구글의 제미나이, 메타의 라마, 앤스로픽Anthropic의 클로드Claude 모델이 이에 해당된다. 이 생성형 인공지능은 2023년 챗GPT와 소라Sora 등의 등장과 함께 글을 짓고, 그림을 그리며, 비디오를 생성해주는 등 사람들을 깜짝 놀라게 하면서, 인공지능 관련주들을 끌어올리며 2024년까지 주식 시장에 커다란 인공지능 모멘텀을 가져왔다.

인공지능의 발전은 여기에서 끝나는 것이 아니다. 인공지능은 범용 인공지능Artificial General Intelligence으로 발전할 수 있다. 이 범용 인공지능은 슈퍼 지능이라고도 불린다. 슈퍼 지능은 알고리듬의 집합체라고 볼 수 있다. 다양한 분야의 여러 문제를 해결하기 위해 독립적인 지능을 발전시킨다. 인공지능이 체스나 바둑만 잘 두는 것이 아니라 체스·바둑을 포함한 모든 분야에서 뛰어난 지능을 보여주는 멀티 플레이어가 된다는 뜻이다. 전문가들은 슈퍼 지능이 앞으로 30년에서 50년 안에 개발될 것이라 예측하는데, 일단 개발되어 나온다면 인간 세계의 일자리 대부분을 대체할 것으로 보인다.

인공지능은 다양한 분야에서 혜택을 주고 있다. 가드너의 다중 지능 이론에 나오는 것처럼 음악 지능, 사교 지능, 인지 지능, 자연 지능, 공간 지각 지능, 언어 지능, 논리 수학적 지능 등을 모두 대체할 수 있을 것이다. 현재 인공지능은 과학, 기술, 금융, 건강, 법학, 환경, 건축 등 폭넓은 영역에서 사용되고 있다. 구체적으로는 위험 평가Risk assessment, 신용 평가, 진단, 표준 실행 Standards enforcement, 채용, 성적 채점, 자율주행, 안면 및 음성 인식, 클라우드 컴퓨팅Cloud computing, 전자상거래, 제조, 농업, 일기 예보, 군사 활동, 투자 분석, 게임, 건설, 디자인, 법학 연구, 헬스케어, 수업 보조, 비서 역할, 소설 집필, 작곡 등을 하고 있다.

인공지능의 발전은 빅데이터, 프로세싱 능력, 5G와 6G 같은 빠른 네트워크, 오픈소스 소프트웨어, 자연어 처리 등에 의해 가능해졌다. 인공지능은 딥러닝으로 배움을 계속하고 실수를 통해 약점을 보완해 향상되고 있다.

연구 기관마다 조금씩 다르지만, 미국 보도자료 서비스 '글로브뉴스와이어GlobeNewswire'에 따르면 세계 인공지능 시장은 2021년 현재 870.4억 달러에 달한다. 그랜드뷰리서치 grandviewresearch는 이 시장을 935억 달러로 파악한다. 이런 분석은 인공지능 기술이 빠르게 산업에 전파되고 있음을 보여준다.

2022년부터 2030년까지 매년 38.1%의 비율CAGR로 성장할 것으로 예상되고 2030년이면 1조 5,971억 달러에 다다를 것으로 보인다.

인공지능에 대한 산업 수요는 소매, 은행, 금융, 보험, 헬스케어, 음식, 음료, 자동차, 물류에 집중되어 있으며 이 분야들이 세계 인공지능 시장 성장에 큰 영향을 미치고 있다. 또한 제약·바이오 부문의 인공지능 기술의 채택이 앞으로의 시장 성장에 큰 영향을 미칠 것으로 보이는데 리서치, 신약 개발, 임상시험 등에 다양하게 적용되고 있다. 그리고 인공지능은 로봇 산업 발전에 공헌하고 있다. 완전 자동화된 로봇은 주변 환경과 상호작용한다. 이 과정에서 딥러닝, 머신러닝 등에 결정적인 도움을 받는다. 따라서 로봇 수요의 증가는 앞으로 인공지능 시장의 발전을 이끌 것이다.

지역적으로는 구글, 마이크로소프트, IBM, 애플이 있는 미국과 캐나다의 북아메리카가 인공지능 개발을 주도하고 있다. 인공지능 발전을 위한 정부 지원과 다양한 적용을 위한 기술 연구개발 투자 증가를 기반으로 전 세계에서 주도권을 장악하고 있다. 북아메리카 지역에는 선도적인 자동차와 제약 회사들이 존재하는데 이들이 제품 제조에서 인공지능 수요를 창출한다. 또한 이 지역의 발전된 IT와 통신 기반 시설은 인공지능 시장의 발전을 돕는다.

아시아 지역에서도 인공지능이 높은 성장률을 보여줄 것으로 보인다. 중국과 인도는 주요 산업의 공장이 존재하는 곳이기에 물류, 창고, 자동차, 헬스케어 영역에서 인공지능의 채택을 증가시키고 있다. 이 지역들에서 가전제품의 큰 수요 또한 인공지능 수요를 늘리는 배경이 된다.

인공지능 전문가는 여전히 부족하다. 하지만 계속 증가하는 추세이다. 인공지능은 인류에게 긍정적 혜택을 주기도 하지만, 점점 그 피해도 늘어가고 있다. 자율주행 차량의 사고, 사이버 보안 문제 발생, 데이터 침해 등의 부작용도 나왔다. 전적으로 인공지능에 의존해 결정하다 보니 실수도 생기고 있으며 인간의 편견이 학습에 반영되어 차별과 같은 부작용도 빚어지고 있다. 이에 따라 '아실로마 인공지능 원칙'처럼 국가와 기업 간 투명성과 책임 소재의 명확성 등을 요구하는 규제들도 나오고 있다.

현재 인공지능 분야를 주도하는 대표 회사로는 오픈AI, 마이크로소프트, 구글, 메타, 엔비디아NVIDIA, 앤스로픽, 코히어Cohere, 아마존, 인텔, IBM, 바이두Baidu, H2O.ai., 라이프그래프Lifegraph, 센스리Sensely, 엔리틱Enlitic, 피겨AIFigureAI, 허깅페이스Hugging Face, 하이퍼버지HyperVerge, ARM 등이 있다. 2019년 기준으로 인공지능 관련 특허는 마이크로소프트 1만 8,350건, IBM 1만 5,046건,

삼성 1만 1,243건, 퀄컴 1만 178건, 구글 9,536건 등이다. 2021년에도 IBM, 마이크로소프트, 구글, 삼성이 강세를 보이며 특허를 냈다. 2014년 이래로 미국에서는 특허 신청이 54% 늘었다.

주목할
미국 기업

★★★ 마이크로소프트의 인공지능 ★★★

윈도Windows로 유명한 마이크로소프트는 사람을 우선시하는 윤리 원칙에 기반하는 인공지능을 개발하려고 노력하고 있다. '책임지는 인공지능 표준Responsible AI Standard'을 만들고 인공지능 영향 평가Impact Assessment도 하면서 투명성을 높이고자 한다. 마이크로소프트는 '규모의 인공지능AI at Scale'을 발전시키고 있으며 조직적으로 하드웨어, 소프트웨어, 네트워킹과 훈련 모델들을 연결한다. 애저Azure AI 플랫폼을 기본적으로 제공하며 MS365Microsoft 365는 인공지능을 이용해 쓰고 디자인한다. 엑셀Excel 프로그램의 지도와 차트를 시각화하고 인박스Inbox의 정리를 도와준다. 또한 제조업에서 상품의 질을 높이고 생산성 제고와 실행에 유용하도록 자동화를 지원한다.

마이크로소프트가 집중하는 분야는 제조, 정부, 에너지, 금융 서비스, 헬스케어와 소매 부문이다. 제조 부문에서는 생산과 물류에서 효율성을 올리고 지속 가능한 효율적이고 혁신적인 제품과 서비스를 생산하려고 노력한다. 대만 기업 ASUS AICS는 마이크로소프트의 인공지능 딥러닝 기능을 통해 잠재적 안전 위험들을 발견하고 방지할 수 있는 솔루션을 개발했다. 그리고 여러 정부 기관이 마이크로소프트 인공지능을 사용해 시스템을 원활히 하고 사기를 방지하며 시민들을 연결해 그들의 참여를 촉진한다. 스마트 도시가 대표적인 예이다.

마이크로소프트는 또한 태양력, 풍력, 천연가스와 원유 생산 업체들, 전기 충전소 등을 위한 더 나은 솔루션을 제공하고자 한다. 클라우드 서비스인 애저와 함께 지속 가능한 미래를 위한 현명한 에너지 정책을 세우고 자동화 시스템을 돕고 있다. 보험 산업을 포함한 금융 분야에서도 데이터 프라이버시를 보호하며, 유용하며 개별화된 서비스를 제공하도록 돕고 있다.

인공지능은 전 세계적인 보건·건강 문제를 해결하는 데도 중요한 역할을 하고 있다. 약을 개발하는 데 새로운 패러다임을 제공하며 환자와 스태프를 돌보고 관리하는 데도 도움을 준다.

2019년과 2021년의 투자에 더하여 2023년 1월 마이크로소프트는 오픈AI와 3단계 협력안을 발표했다. 2022년 11월 챗GPT를 발표하며 생성형 인공지능의 선두를 달리고 있는 오픈AI와의 협력은 마이크로소프트의 시총을 3조 달러 이상으로, 2024년 1분기 전 세계 시총 1위로 끌어올리는 원동력 역할을 했다. 이 협력을 통해 마이크로소프트는 특화된 슈퍼컴퓨팅 시스템 개발에 투자를 늘렸고, 오픈AI의 인공지능 모델을 애저 오픈AI 서비스Azure OpenAI Service와 같은 소비자와 기업 서비스에 적용하기 시작했다. 마이크로소프트는 애저를 전 세계를 위한 AI 슈퍼컴퓨터로 지을 계획이며 민주적 AI 플랫폼을 위한 비전의 기초로 삼기로 했다. 오픈AI는 애저 클라우드 플랫폼 위에 깃허브 코파일럿GitHub Copilot, 달리DALL-E 2, 챗GPT 같은 제품들을 강화하기 위해 모델들을 훈련시키고 있다.

이러한 노력에 기반해 2024년 1분기에 619억 달러의 매출을 올렸으며, 전년 동기 대비 17%나 상승했다. 서버 클라우드 매출이 248억 달러로 전년 동기 24% 증가했고, 오피스Office가 139억 달러로 12% 증가, 엑스박스Xbox 게임이 55억 달러로 51% 증가, 윈도Windows가 59억 달러로 11% 증가했다. 이외에도 링크드인Linkedin이 40억 달러로 10% 증가했고, 검색에서 31억 달러로 3% 증가했다.

★★★ 구글의 책임지는 인공지능 ★★★

'구글 AIGoogle AI'는 2017년 CEO 순다르 피차이Sundar Pichai에 의해 구글의 한 부서로 설립되었다. 구글 AI는 세계의 정보를 조직화하고 보편적으로 접근 가능하고 유용하게 만드는 것을 목표로 한다. 사람들이 사진을 찾든 번역을 하든 이메일을 쓰든 구글 어시스턴트Google Assistant와 함께 일을 하든 간에 삶을 더욱 쉽게 만들어주려고 하며, 건강과 과학의 발전 등 기존 문제를 새롭게 보는 시각을 제공하고자 한다.

인공지능이 가져올 불이익과 피해에 대해서도 생각하고 있으며 사회에 이익이 되는 책임 있는 인공지능을 개발하고자 노력하고 있다. 불공평한 편견을 없애고 안전을 우선시하며 사람들에게 책임을 지고 사생활을 보호하는 등의 원칙을 세우고 인공지능을 개발하고 있다.

머신러닝 소프트웨어를 개발하기 위해 클라우드 기반의 TPUTensor Processing Units와 소프트웨어인 텐서플로TensorFlow를 제공한다. TPU 리서치 클라우드 Research Cloud는 머신러닝을 연구하는 연구자들이 무료로 클라우드 TPUCloud TPU에 접근하는 것을 도와준다. 마젠타Magenta는 딥러닝에 관여하는 팀인데 예술가와 음악가들을 위한 오픈소스 계획들을 발표했다. 그리고 54큐비트 퀀텀(양자) 프로세서 시카모어Sycamore와 신경 언어 모델인 람다LaMBDA를 개발했다.

최근 대규모 언어 모델을 채택한 제미나이가 오픈AI의 GPT-4o와 경쟁을 하며 생성형 인공지능 시장을 이끌어가고 있다. 구글 제미나이는 구글 검색, 워크스페이스Workspace, 구글 크롬Chrome에 적용되고 있는데 텍스트, 이미지, 오디오, 비디오와 코드를 이해하고 생성할 수 있는 인공지능 모델이다. 스마트폰과 데이터 센터 등 거의 모든 기기에서 작동할 수 있고, 리서치, 판매, 마케팅, 글쓰기, 요약, 이미지 생성, 계획, 복잡한 업무와 코딩을 해내고 있다.

★★★ GPU와 엔비디아의 인공지능 ★★★

최근 들어 가장 빠르게 성장하고 있는 반도체 기업 엔비디아의 GPUGraphics Processing Unit는 기존 CPUCentral Processing Unit보다 인공지능 처리에 더 효율적이라고 알려져 있다.

엔비디아는 NIMNVIDIA Inference Microservice으로 생성형 인공지능의 채택과 데이터 분석 및 훈련을 도와주며, 데이터 센터 기반 시설 비용과 에너지 소비를 줄여준다. 인공지능 모델들을 빠르고 정확하게 배치시키는 것을 도와주고 더 적은 서버와 에너지로 더 빠른 통찰을 하는 인퍼런스Inference 기능을 향상시키고 있다. 대규모 언어 모델로 번역과 요약 및 생성을 도와주며 대화하는 인공지능Conversational AI을 개발하고, 높은 실황과 정확도로 그래픽화하는 옴니버스Omniverse와 같은 비전 인공지능Vision AI과 사이버 보안에도 집중하고 있다.

엔비디아 데이터 센터는 인공지능 전용 슈퍼컴퓨터 DGX 시스템을 양산한다. 이것은 인공지능에 기반한 분석을 제공하고 엔비디아의 소프트웨어 기반 시설 인공지능 솔루션의 총 집합적 플랫폼이라고 볼 수 있다. 클라우드와 데이터 센터를 도와주는 제품에는 H100과 H200 텐서코어Tensor Core GPU, L4, L40S, L40 텐서코어 GPU, GH200 그레이스 호퍼 슈퍼칩Grace Hopper Superchip, A2와 A10, A16, A30, A40, T4 텐서코어 GPU 데이터시트Datasheet가 포함된다. 2024년 들어 라마3 인퍼런스를 H100보다 5배나 빠르고, 벡터 데이터베이스Vector Database 검색은 9배나 빠르며, CPU보다 데이터 처리가 18배나 빠르게 한 GB200 시리즈를 발표했다. 2025년에는 이보다 성능이 좋은 루벤Ruben이 출시될 예정이다.

클라우드 영역에서는 엔비디아 GPU 클라우드NVIDIA GPU Cloud, NGC를 제공하며 신경망 모델Neural network models을 개발하고 훈련하는 것을 도와준다. 자율주행을 위한 인공지능 자동차 컴퓨터도 개발하는데 PX2가 이에 해당하며 아우디, 벤츠, 니오 등의 자동차 회사와 협력하고 있다. 엔비디아의 젯슨 Jetson은 로봇과 드론 등 지능 기계들Intelligent machines을 훈련하는 데 도움을 준다.

★★★ 인텔의 인공지능 ★★★

CPU, GPU 등 시스템 반도체를 만드는 인텔은 인공지능과 데이터 과학이 좀 더 많은 혁신가Innovator에게, 좀 더 많은 곳에서, 좀 더 많이 사용되는 것을 목표로 한다. 인텔의 인공지능 기술을 이용해, AWSAmazon Web Services, 슈퍼마이크로컴퓨터 등의 회사가 인공지능을 개발하고 있다. 개념을 실제 세계의 규모로 빠르게 발전시키며 비용과 위험을 최소화하려고 노력하고 있다.

2024년 1분기 현재 인텔은 117억 달러 매출을 기록하여 전년 동기보다 매출이 36%나 줄어든 상태이다. 클라이언트 컴퓨팅Client computing은 57억 달러로 전년 동기 대비 57억 달러가 줄었고, 데이터 센터 매출과 인공지능은 37억 달러로 전년 동기 대비 39%가 줄었고, 네트워크는 15억 달러로 30% 줄었으며, 파운드리는 1억 달러로 24% 줄어든 상태이다. 모빌아이Mobileye의 자율주행은 5억 달러로 전년 동기 대비 16%가 늘어났다.

최근 데이터 센터 부분의 GPU 경쟁에서 엔비디아에게 밀리고 있지만, 새로운 GPU 배틀메이지Battlemage를 개발하고 있으며, 인공지능 가속기AI Accelerator 가우디Gaudi도 출시했다. 제조에도 집중하여 곧 5나노 공정을 완성할 것으로 보이는데, 미국과 EU 정부의 도움으로 100억 달러 이상을 반도체 제조Fabrication에 투자하여, TSMC에 이어 2030년에 제2의 제조회사로 거듭나려고 노력하고 있다. 2024년 1분기 현재 적정 주가는 30달러이다.

전기차와 자율주행

    환경 보호와 지속 가능한 에너지 발전을 지향하며 전기차들이 생산되고 있다. 전기차는 100여 년의 역사를 가졌지만, 연료비가 싸고 대량 생산에 성공한 내연기관 가솔린차에 밀려 오랫동안 큰 성공을 거두지 못했다. 실용적인 시작은 GM의 EV1이다. 한 번 충전으로 80마일(약 128킬로미터)을 달리고 7초 안에 시속 50마일(약 80킬로미터)까지 속도를 낼 수 있었다. 하지만 생산 비용이 너무 비싸 2001년에 제작을 중단했다.

    2000년 도요타가 세계 최초의 양산형 하이브리드 차량 프리우스를 내놓았다. 전기와 가솔린을 함께 사용하는 모델이다. 나도 2012년부터 2017년까지 프리우스를 탔다. 환경 오염을 막는 다는 보람을 느끼고 기름값도 많이 아끼며 만족스럽게 이용했다. 이후 2006년에 실리콘밸리의 스타트업 테슬라가 한 번 충전에 200마일(약 320km)까지 가는 고급 전기차를 생산해냈다. 쉐보레와 닛산도 2010년에 볼트와 리프를 내놓았다. 국제에너지기구IEA에 따르면 2023년 현재 전 세계에서 전기차는 약 1,400만 대나 팔렸고, 2022년보다 35%나 증가했다. 중국에서 810만 대, 유럽에서 320만 대, 미국에서 140만 대가 팔렸다. 전기차는 4,000만 대까지 성장했고 미국 내에서는 8%까지 점유율을 높였다. 미국의 전기차 채택율은 2030년까지 50%에 다다를 것으로 전망되고 있다. 전 세계적으로 전기차 시장은 2030년까지 8,237억 달러 규모로 성장할 것으로 보인다. 연평균 성장률은 18.2%로 예상된다. 대표 기업으로는 테슬라, 리비안, 루시드, 메르세데스 벤츠, BMW, 폭스바겐, GM, 포드, 현대, 기아, 비야디 BYD 등이 있다.

1세대 전기차와는 달리 2세대 전기차는 자율주행 소프트웨어를 장착하기 시작했다. 한국에서도 절찬리에 방영되었던 〈전격 Z 작전Knight Rider〉의 자동차 '키트'는 이제 더 이상 영화 속에만 존재하지 않는다. 인공지능을 탑재한 자동차는 음성 인식 기능을 통해 운전자와 대화하며 주차장에서 자동으로 운전자를 모시러 오고 원하는 곳으로 데려다준다.

나는 2023년 12월 처음으로 테슬라의 전기차를 사서 몰기 시작했다. 7년 정도 타던 랜드로버 이보크Evoque가 고장이 잦고 수리비도 몇천 달러대로 치솟아서 고민하다 그동안 관심을 가져오던 테슬라로 차를 바꾸기로 결심했다. 모델 Y RWD를 샀는데, 연방 정부에서 7,500달러 크레디트(세금 혜택)도 주고, 재고가격 할인도 하는 등 이것저것 제하고 보니 3만 7,000달러 정도에서 큰 고민 없이 구입할 수 있었다. 2024년 7월 현재 8개월 정도 탔는데 6개월 슈퍼차저 충전도 무료로 받고 해서 지금까지 유지비로 총 10달러 정도만 썼다. 집에 설치한 충전기도 편리하고, 뉴저지 전기회사에서는 1,000달러가 넘는 충전기 설치 비용을 전기료를 깎아주는 방식으로 해서 돌려주었다. 걱정했던 것과 다르게 충전에는 전혀 문제가 없었고, 한 번 230마일(약 370킬로미터) 정도 충전하면 일주일 동안 여유 있게 썼다. 유지비도 싸고 여러 가지 스마트한 기능들이 많은 것에도 만족했지만, 너무나 만족스러운 것은 구독했던 FSDFull Self Driving 자율주행 서비스였다. 이 책을 개정하던 7월 25일에 FSD 12.5까지 배포되어 무선으로 소프트웨어를 받을 수 있었다. FSD 자율주행은 주행하는 곳이 주변 동네이든, 학교든, 국도이든 고속도로이든 아무 상관 없이 나의 개입 없이도 편하게 나를 목적지까지 데려다주었다. 학교에서 밤늦게까지 강의를 하고 돌아오는 길에 FSD를 켜놓으면 힘들지 않게 집까지 나를 택시처럼 '모셔다' 주었다. 가끔씩 눈에 들어오는 주변 환경들도 감상하며 드라이브를 즐기고 있다.

자율주행은 테슬라와 구글의 웨이모가 대표적이며 현대 아이오닉5IONIQ 5와 리프트Lyft 등과 협력한 모셔널Motional, 배달 차량을 만드는 리프랙션AIRefraction AI와 오토엑스AutoX, 지형적으로 불리한 곳까지 자율주행을 하는 옵티머스 라이드Optimus Ride, 바닥부터 자체 자율주행을 개발하는 죽스Zoox, 5단계 완전 자율주행을 꿈꾸며 복잡한 교통 상황에서도 다닐 수 있도록 한 누토노미nuTonomy, 행인들과 대화도 나눌 수 있는 드라이브aiDrive.ai 등이 있다. 내연기관 차에도 자율주행 기능을 장착할 수 있지만 전기차와 자율주행이 합쳐져 4차 산업혁명을 이끄는 주역이 되었다. 구글, IBM, 엔비디아, 테슬라 등 대형 기업들과 중소형 기업들이 모두 이 시장에 뛰어들고 있다. 자율주행차는 카메라를 기반으로 하기도 하고 라이더Light Detection and Ranging, LiDAR 기술을 사용하기도 한다. 라이더 기술은 작은 레이저를 사물 표면에 발사해 돌아오는 시간을 재는 것이다. 360도로 라이더를 쏘면 주변 환경을 3D 이미지로 구현할 수 있으며 정확한 위치를 파악할 수 있다. 보통 우리가 알고 있는 레이더RADAR는 전파(라디오)를 사용한다.

자율주행 기능은 인공지능을 이용해 빅데이터를 분석해서 정확한 결정을 해줘야 하는 어려움이 있다. 가장 큰 장애물은 정부의 규제와 다양한 소송 가능성이다. 고속도로교통안전국NHTSA 등 미국 정부 부처는 자율주행과 인공지능을 규제하기 위해 여러 측면에서 조사를 진행하고 있다. 2022년 6월 현재 12개월간 400여 건의 사고가 있었다. 그중 자율주행 차량을 가장 많이 생산하는 테슬라가 273건을 기록했다.

자율주행 차량은 근본적으로 '트롤리Trolley 딜레마'에 빠지게 된다. 달리는 열차의 제동 장치가 고장 났는데 선로를 바꿀 수 있는 상황이다. 이때 어느 선로에 있는 누구를 희생시킬 것인가를 결정하는 게 트롤리 딜레마이다. 자율주행 기능은 기본적으로 인간이 프로그램을 만들어줘야 작동할 수 있는데 차에 문제가 생긴 경우에 건널목을 건너고 있는 사람을 희생시킬지 보도를 걷고 있는 사람을 희생시킬지 정해야 하는 난관에 빠지게 된다. 물론 아무도 없으면 괜찮지만 선택의 순간은 오기 마련이다. 보도를 걷고 있는 사람이 지팡이를 든 노인이 될지 유모차를 끌고 가는 엄마가 될지는 모를 일이다. 기존에는 모든 선택을 개별 운전자가 해서 문제가 발생하면 운전자가 책임을 졌다. 하지만 자율주행은 책임 주체가 자동차를 제조해 자율주행 서비스를 제공하는 기업으로 옮겨지기 때문에 문제가 심각하다. 테슬라가

보험 회사를 운영하는 것은 자본을 원활히 유통하려는 이유도 있지만 이러한 문제를 해결하려는 의도도 있다고 보인다.

★★★ 테슬라 ★★★

가장 대표적인 자율주행 전기차는 테슬라Tesla, TSLA이다. 텍사스주 오스틴에 본부가 있는 테슬라는 전기차를 디자인하고 개발하며 제조·판매와 임대Lease를 한다. 테슬라는 또한 에너지를 생산하고 저장하는 시스템을 개발·제조하며 이에 필요한 서비스를 제공한다. 테슬라는 자동차 분야와 에너지 생산·저장 분야와 서비스 분야로 크게 나눌 수 있다. 자동차 분야는 내연기관 규제 면제 혜택Regulatory credits을 받으며 전기차를 디자인·개발·제조·판매·임대한다. 에너지 생산·저장 분야는 태양열 에너지를 생산하고 에너지 저장 제품과 관련 서비스를 설치·판매·임대한다. 또한 서비스 분야에서는 FSD 소프트웨어 서비스, 슈퍼차저Supercharger 충전 서비스, 커넥티비티Connectivity(연결) 인터넷 구독서비스, 중고차 판매 및 자동차 관련 보험업도 부수적으로 하고 있다. 옵티머스 로봇도 개발하고 있다.

차세대 전기자동차 생산과 관련해 150~200만 대까지 생산할 수 있는 기가 팩토리가 캘리포니아, 텍사스, 상하이, 베를린에 있으며, 현재는 캘리포니아와 상하이 공장을 풀가동하고 있다. 멕시코에도 제5공장을 짓고 있다. 모델3, 모델Y, 모델X, 모델S, 사이버트럭Cybertruck, 세미트럭Semitruck을 생산하는데 모델Y는 2023년 도요타 모델들을 제치고 전 세계에서 가장 잘 팔린 모델이 되었다. 2023년 12월에 생산이 시작된 사이버트럭은 2024년 7월 현재 1만 2,000대 정도 판매했는데, 2분기 현재 가장 많이 판매된 전기 픽업트럭을 기록했다. 테슬라는 2024년 7월 현재 약 600만 대의 차를 생산했다.

2024년 들어 테슬라에서 가장 주목받고 있는 것은 자율주행 소프트웨어인 FSD 소프트웨어이다. 2024년 7월 현재 버전 12.5가 배포되고 있으며, 하반기에 12.6이 배포될 예정이고, 인간의 개입이 필요 없는 자율주행 4단계에 진입하고 있다. 투자자들은 최근의 FSD 버전 12.x.x를 시험 운행하며 '테슬라의 챗GPT 모멘텀'이라고 묘사하고 있다. 이 FSD는 기존의 라이다Lidar 기반의 자율주행과는 달리 카메라 기반이며 인공지능 빅데이터 분석을 통해 자율주행 서비스를 제공하고 있다.

테슬라는 2024년 자율주행의 발달로 사이버택시Cybertaxi라는 공유 택시 시스템을 발표할 계획이며, 이에 맞는 저가용 차도 내놓을 예정이다. 또한 옵티머스 2세대 로봇을 개발 중이며, 2025년에는 1,000대 이상 양산될 예정이다. 공유 택시와 옵티머스의 출시로 2025년부터는 매출 증가가 예상된다. 또한 2026년부터는 네바다 공장의 확장으로 세미트럭이 대량으로 양산될 예정이며 스포츠카이며 시속 100킬로미터까지 1초 내로 제로백이 가능한 로드스터Roadster를 내놓을 예정이다. 에너시 사업 부문에서 메가팩Magapack 매출의 급격한 증가도 2030년까지 주가를 60달러 이상 높일 것으로 예상되고 있다. 테슬라는 캘리포니아 라스롭Lathrop 공장에 이어 상하이에 제2메가팩 공장을 짓고 있고, 2025년 초부터 양산에 들어가 40GWH씩 생산할 것으로 보인다. 2020년에 선보인 4680배터리 또한 건식 전극 방식을 곧 양산할 계획이다.

2024년 2분기 현재 테슬라의 매출은 255억 달러이며 거시경제가 둔화되었지만 전년 동기 대비 2%가 상승한 상태이다. 자동차 매출은 185억 달러로 전년 동기 대비 9% 줄어든 상태이며, 에너지 매출은 30억 달러로 전년 동기 대비 100% 상승했다. 서비스 매출도 증가하고 있는데 26억 달러로 21% 증가하고 있다. 테슬라의 총수익은 46억 달러로 18% 마진을 기록하고 있고, 운영 현금은 36억 달러 증가해 현재 보유 현금이 307억 달러에 달하고 있다. 2024년 주당순이익은 2.55달러, 2025년 3.51달러, 2026년 4.54달러, 2027년 5.74달러가 예상된다. 2024년 7월 현재 테슬라의 적정 주가는 200달러 정도이다.

★★★ 웨이모의 4단계 자율주행 ★★★

구글의 자회사 웨이모Waymo는 구글의 자율주행차 프로젝트로 2009년에 시작되었다. 현재의 웨이모란 이름은 2016년에 지어졌고, 캘리포니아주 마운틴뷰에 자리 잡고 있다. 웨이모는 현재 애리조나주 피닉스에서 자율주행 택시 서비스를 운영하고 있으며, 2020년 10월에 일반 대중에게 서비스를 시작했다. 당시에는 안전사고 방지를 위한 운전자가 없는 유일한 택시 서비스였다. 2021년에는 샌프란시스코에서 테스트를 시작했고, 2022년에 운전자 없는 서비스를 애리조나주 피닉스에서 제공하기 시작했다. 2024년에는 캘리포니아주 LA와 샌프란시스코에서 공식적으로 유료서비스를 시작했다.

웨이모 비아Waymo Via는 2020년에 설립된 웨이모의 화물 운송 부문이다. 자율주행을 상업용 배달 서비스로 확장한 것이다. 2020년 1월에는 대표적인 배송 업체 UPSUnited Parcel Service와 파일럿 프로그램을 운영했고 2020년 7월에는 스텔란티스Stellantis와 자율주행 4단계인 램 프로마스터Ram ProMaster 배달 차량의 개발을 시작했다.

2017년부터 자체 개발한 라이다Lidar를 사용하기 시작했고, 가상 세계인 카크래프트Carcraft를 만들어 자율주행 자동차 2만 5,000대를 텍사스주 오스틴과 캘리포니아주 마운틴뷰, 애리조나주 피닉스 같은 도시를 주행하게 했다. 2018년에는 가상 세계에서 50억 마일(약 80억 킬로미터)을 운전하기도 했다. 웨이모는 현재 도요타 프리우스, 아우디 티티TT, 크라이슬러 퍼시피카Pacifica, 렉서스 RX450h에 장착되어 있으며 스텔란티스, 벤츠, 리프트, 에이비스, 인텔, 재규어, 랜드로버, 볼보 등과 협력하고 있다.

클라우드 플랫폼

클라우드Cloud는 4차 산업혁명의 대표 주자 중 하나이다. 구름이란 뜻을 가진 클라우드는 1993년부터 현재의 의미로 사용되기 시작했다. 데이터 저장Data storage과 계산 능력Computing power을 기존의 데스크톱이나 노트북 없이도 온라인상에서 언제든지 사용할 수 있게 도와준다.

온라인상에서 작업하고 저장한 것들은 한 번에 여러 곳에 일관성 있게 저장되는데 이곳을 데이터센터Data center라고 부른다. 마이크로소프트의 오피스365나 구글의 드라이브를 사용해 본 적이 있는 사람은 알겠지만, 인터넷이 있는 곳에서는 언제든지 클라우드에 저장된 파일을 열고 워드나 엑셀, 파워포인트 같은 마이크로소프트의 프로그램을 이용해 작업할 수 있으며 이메일을 통해 다른 사람에게 보내거나 링크를 통해 공유할 수 있다. 또한 여러 명이 언제 어디서든지 함께 같은 파일에 접근해서 동시에 편집할 수도 있다. 드롭박스Dropbox, 박스Box, 원드라이브Onedrive 등도 많이 쓰인다.

내 경우에도 직장에서는 공식적으로 마이크로소프트의 오피스365를 사용하며 개인적으로는 구글 드라이브와 드롭박스를 이용한다. 구글과 드롭박스는 일정 용량까지는 무료로 클라우드 서비스를 제공한다. 큰 용량을 사용하는 경우에는 매달 혹은 매년 일정한 구독료를 내야 이용할 수 있다. PC나 휴대용 저장 장치가 없어도 인터넷만 연결되면 언제든지 저장된 자료에 접근할 수 있기 때문에 굉장히 편리하고 안정적이다. 가상화Virtualization 혹은 자동화라고도 할 수 있는데 개인이 컴퓨터나 IT 영역의 기술과 언어를 모르는 경우에도 쉽게 컴퓨터 작업을 온라인상에서 할 수 있게 도와준다.

아마존은 2002년에 혁신적인 사업체를 돕기 위해 AWS를 만들었고, 구글은 2008년에 클라우드에서 앱을 직접 사용할 수 있는 구글 앱 엔진Google App Engine을 개발했으며, 같은 해 NASA는 오픈소스로 누구나 클라우드를 무료로 사용할 수 있게 네뷸라 Nebula를 내놓았다. 2010년 마이크로소프트는 애저를 출시했고 2011년에 IBM은 스마트클라우드SmartCloud를 선언했다. 2012년 오라클Oracle은 오라클클라우드Oracle Cloud를 발표했는데 이는 애플리케이션SaaS, 플랫폼PaaS, 기반 시설IaaS을 포함한 IT 영역의 다양한 솔루션에 한 번에 접근할 수 있게 해준다.

2022년 현재 전 세계 클라우드 컴퓨팅 시장은 4,453억 달러 규모이다. 이것이 연평균 성장률 16.3%를 기록하며 2026년까지 9,473억 달러 규모로 확대될 것으로 예상된다. 2022년 2분기 현재 클라우드 기반 서비스Infrastructure as a Service, IaaS 시장은 아마존이 34%, 마이크로소프트가 21%, 구글이 10%로 상위 세 업체가 60% 이상을 점유하고 있다. 그 뒤를 이어 중국의 알리바바(5%), IBM(4%), 세일즈포스Salesforce(3%), 중국의 텐센트 Tencent(3%), 오라클(2%) 등이 35%를 차지하고 있다. 소프트웨어 SaaS 시장은 마이크로소프트, 세일즈포스, 어도비Adobe가 많이 점유하고 있다.

★★★ 마이크로소프트 ★★★

워싱턴주에서 1975년에 설립된 마이크로소프트Microsoft Corporation, MSFT는 소프트웨어, 서비스, 플랫폼, 콘텐츠, 솔루션 지원과 컨설팅 등 다양한 사업을 전개하며 클라우드 기반의 솔루션을 공급한다. 또한 온라인 광고도 제공한다. 제품으로는 윈도 같은 운영체제Operating System, 제품과 호환해주는 애플리케이션, 서버 애플리케이션, 비즈니스 솔루션 애플리케이션, 데스크톱과 서버 운영 관리 장치, 소프트웨어 개발 장치와 비디오 게임들이 있다. 마이크로소프트는 또한 개인용 컴퓨터, 태블릿, 게임과 엔터테인먼트 콘솔Consoles, 액세서리 등을 개발·판매한다.

2024년 1분기 현재 생산성 향상 비즈니스 부문의 매출은 12% 증가한 196억 달러이다. 컴퓨터 제품과 클라우드 서비스 부문의 매출은 오피스365 매출이 15% 증가하며 13% 증가했고 구독자는 808만 명으로 늘었다. 애저를 포함한 인텔리전트 클라우드의 매출은 267억 달러로 21%나 증가했다. 개인용 컴퓨터 사업은 156억 달러로 17%나 증가했는데 주력 상품인 윈도와 X박스, 광고 등이 여기에 포함된다. 2024회계연도 3분기에는 매출이 619억 달러로 전년 동기 대비 17% 증가했고, 순이익은 276억 달러로 전년 동기 대비 23% 증가했다. 2024년 주당순이익은 11.84달러로 전년 동기 대비 20.66%나 증가했다. 주당순이익은 2025년 13.33달러, 2026년 15.65달러, 2027년 18.36달러로 매년 17% 이상씩 성장할 것으로 예상된다. 배당은 0.66%를 주며 분기별(3월, 6월, 9월, 12월)로 지급한다. 2024년 8월 현재 PER은 39.30으로 동종 업계 평균 24.13보다는 높지만, EBITDA는 27.18%로 높게 성장하고 있다. 총마진율은 69.89%이고 ROE는 38.49%이다. 2024년 1분기 현재 마이크로소프트의 적정 주가는 400달러 정도이다.

증강 현실

증강 현실Augmented Reality, AR은 실제 현실 세계와의 상호작용을 컴퓨터를 통해 증강시키는 것을 말한다. 영화 〈매트릭스〉에 나온 것과 비슷한 개념이다. 인간의 시각, 청각, 촉각, 신경망, 후각 등을 향상해 확대 적용할 수 있게 도와준다. 5G라는 고속 인터넷 발전을 통해 공간적으로 먼 곳에 있는 사람과도 마치 한곳에 있는 것 같은 가상 현실을 실제 세계에 구현해낸다. 혼자 식탁 의자에 앉아 있을 때도 증강 현실 안경을 쓰면 그 식탁에 다른 사람이 함께 앉아 있는 것처럼 홀로그램으로 연출된다. 그와 대화도 하고 촉감도 느낄 수 있다. 태국의 한 의사가 증강 현실 안경을 끼고 미국의 전문 의사의 도움을 받으며 수술을 진행할 수도 있다. 우리가 생각하는 공간과 현실의 벽이 무너지고 있는 것이다.

2016년 아내와 함께 보스턴 일대를 한창 뛰어다니면서 즐겼던 게임 〈포켓몬고Pokemon Go〉도 증강 현실의 하나이다. 현실과 가상 현실이 융합된Immersive 증강 현실은 1990년대 초반부터 미 공군에 의해 개발되고 있었다. 엔터테인먼트와 게임 분야에서 더욱 활발하게 활용되기 시작했고 점차 교육과 커뮤니케이션, 의학 분야로 뻗어 나갔다. 헤드업 디스플레이Heads up display, HUD는 머리 앞쪽으로 가상 현실을 보여주는 장치인데, 수영하면서 속도와 수심과 영상을 볼 수 있고 드론이 날아가서 보여주는 곳을 눈앞에 구현하기도 한다. 조깅할 때 속도와 거리를 시각적으로 알려주기도 하며 운전할 때 자동차 앞쪽에 속도와 위험 신호를 전달하기도 한다.

증강 현실 기술은 정보를 입력하고 처리하고 구현하는 세 가지 부분으로 나눌 수 있다. 즉 소리와 몸짓, 센서를 통한 감지 등으로 정보를 입력하는 하드웨어적 요소, 컴퓨터 본체처럼 이를 처리하는 프로세서, 모니터나 홀로그램으로 구현해내는 디스플레이로 나눌 수 있다. 이 모든 것을 수행하는 플랫폼은 몸에 착용하는 안경이나 손으로 드는 기구, 스마트워치나 스마트폰 또는 자동차가 될 수 있다. 디스플레이가 헤드셋처럼 머리에 쓰는 것 Head-mounted display, HMD인 경우에는 움직임이나 소리 등의 정보를 머리 앞에 구현해낸다. 안경이나 헬멧을 쓰는 경우에는 눈앞이나 안경, 헬멧 유리에 정보가 나타난다. 눈앞에 거리를 두고 보여주는 HUD는 1950년대부터 비행기 조종사들을 위해 개발되었다. 이미지와 여러 데이터를 보여준다. 최근에는 콘택트렌즈Bionic contact lenses도 개발하고 있는데, 1999년에 스티브 맨Steve Mann이 첫 특허를 냈다.

증강 현실 시장은 2020년 41억 달러에서 2028년 977억 달러로 연간 48.6%씩 성장할 것으로 예상된다. 대표 기업으로는 마이크로소프트, 구글, 애플, 삼성, 뷰직스 등이 있다. 애플워치 같은 착용 가능한 기기 시장도 2026년까지 현재 279억 달러에서 740억 달러로 확대될 전망이며, 매년 17.65%씩 성장할 것으로 보인다. 대표 기업으로는 메타플랫폼스, 마이크로소프트, 구글, 엔비디아, 애플 등이 있다.

★★★ 뷰직스 ★★★

1997년에 세워진 뷰직스Vuzix는 뉴욕주 웨스트헨리에타West Henrietta에 본부가 있으며 직원 108명의 중소기업이다. 뷰직스는 증강 현실 웨어러블Wearabl(착용 가능한) 안경 등을 디자인·제조·판매하는 기업이다. 북아메리카, 아시아 태평양, 유럽 등에 납품하고 있으며, M400, M4000, 실드Shield, Z100 등의 스마트 안경을 주로 기업과 의료 기관 등에 판매한다. 일반 소비자용으로는 뷰직스 블레이드2Vuzix Blade 2 스마트 안경이 있고 광학 제품과 엔지니어링 솔루션 등도 제공한다. 최근 애플의 비전프로가 출시되면서 증강 현실 안경이 다시 주목받고 있다.

2023년 12월 현재 매출은 1,210만 달러 정도인데 연구개발 비용으로 1,230만 달러를 지출해 적자 상태이다. 순이익은 -5,000만 달러이다. 주당순이익은 -0.78달러로 적자 폭을 줄이고 있지 못하다. 2024년에는 -0.45달러, 2025년 -49달러로 예상된다. 주당 매출Revenue per Share은 0.16달러이다. 밸류에이션은 주가매출비율Price per Sales Ratio, PSR이 9.11로 동종 업계 3.11보다 높은 편이고 PBR은 1.26으로 동종 업계 평균 3.33보다 낮다. 2022년에는 공급망 문제와 유럽과 아시아에서의 시장 악화로 매출 성장이 -14.45%를 기록했고, 2024년에는 인플레이션과 고금리가 지속되며 적자 기업으로 고전을 면치 못하고 있다. 금리가 낮아진 2025년부터 다시 살아날 수 있기 때문에 조금 지켜봐야 하는 상황이다. 현재 총자산은 4,150만 달러로 현재 부채 540만 달러보다는 많다.

가상 현실과 메타버스

증강 현실과 가상 현실Virtual Reality, VR은 일반인들이 혼동해 사용하는데, 엄밀히 말하면 다른 개념이다. 가상 현실은 현실 세계와 분리된 디지털 세계라고 할 수 있다. 영화 〈아바타〉와 같은 일종의 메타버스 세계이다. 내가 1998년 한국에서 푹 빠져 있던 〈스타크래프트Starcraft〉나 〈디아블로Diablo〉 같은 게임의 세계가 일종의 가상 현실이라고 할 수 있다. 온라인상 게임에서 만나 대화하고 지도(맵) 위를 함께 돌아다니며 탐험을 하고 괴물도 물리치는 일들이 가상 공간에서 일어난다. 2007년 IT 석사 공부를 할 당시에 '세컨드 라이프Second Life'라는 온라인 프로그램을 사용해 본 적이 있다. 이 프로그램을 통해 사람들은 디지털 세계의 특정 공간에서 만나 아바타를 이용해 대화하기도 했다. 2007년에 나온 구글의 '거리뷰Street View'도 일종의 가상 현실이다.

가상 현실은 컴퓨터에 의해 생성된 환경이고 실물처럼 보이는 장면과 사물들로 둘러싸여 실제처럼 느껴지게 한다. 현재는 게임과 영화 등의 엔터테인먼트, 교육, 군사, 의료 등의 시뮬레이션 훈련, 회의 같은 업무 등에 쓰이고 있다. 가상 현실의 입구는 컴퓨터, 스마트폰, 헤드셋 등 다양하며, 헤드셋을 쓰는 경우에는 시각·청각·느낌까지 잘 구현해내 더욱 현실 세계와 떨어진 다른 세상으로 빠져들게 한다. 2022년 현재 헤드셋HMD은 OLED와 LCD를 사용하고, 3D 가상 세계를 구현한다. 걷고 팔을 흔들고 몸을 움직이는 것까지 감지하며 위치와 회전뿐만 아니라 진동과 온도 등 느낌Heptic을 구현해낸다.

2010년대가 차세대 가상 현실의 시기라고 볼 수 있다. 2010년에 팔머 럭키Palmer Luckey가 개발한 오큘러스 리프트Oculus Rift가 헤드셋의 시초라고 볼 수 있다. 2014년에 페이스북(현재 메타플랫폼스)은 오큘러스VROculus VR을 30억 달러에 인수했다. 2013년 밸브Valve는 조금 더 향상된 헤드셋을 출시했고, 2015년에는 HTC와 함께 움직임까지 파악하는 HTC 헤드셋과 컨트롤러를 발표했다.

2014년 소니는 플레이스테이션을 위한 프로젝트 모피어스Project Morpheus, 2015년 구글은 스마트폰을 끼워볼 수 있는 카드보드Cardboard를 발표했다. 2016년까지 가상 현실에 뛰어든 기업은 아마존, 애플, 메타플랫폼스, 구글, 마이크로소프트, 소니, 삼성 등약 240곳으로 늘어났다. 이후 HTC, 메타플랫폼스, 밸브는 움직임뿐 아니라 감각까지 느낄 수 있는 이머전Immersion 헤드셋과 컨트롤러를 개발했다. 3D 마우스, 특수 장갑, 모션 컨트롤러, 눈 추적 장치Optical tracking 등을 계속해서 개발하고 있다.

가상 현실 플랫폼과 앱은 메타 호라이즌Horizon, 전트VRJaunt VR, 사인스페이스Sinespace, 알트스페이스VRAltspaceVR, 구글어스Google Earth, 유튜브VRYouTube VR, 로블록스 등이 대표적이다. 이외에도 건축, 산업 디자인, 환경 보호, 건강·의료 산업, 디지털 마케팅, 교육·훈련, 엔지니어링, 로봇, 영화, 음악, 친목 도모, 인류학, 사회과학 등과 관련된 다양한 앱과 플랫폼이 개발되고 있다.

가상 현실 시장은 2022년 8월 현재 284.2억 달러로 규모가 작지만, 2030년까지 870억 달러로 매년 15%씩 성장할 것으로 예상된다. 대표 기업으로는 메타플랫폼스, 마이크로소프트, 알파벳, 애플, 삼성 등이 있다. 2021년 1분기 현재 가상 현실 헤드셋 시장에서는 오큘러스가 점유율 75%로 압도적으로 선전하고 있고, DPVR이 6%, 소니가 5%, 그 외가 14%를 차지하고 있다.

4차 산업혁명의 기반이라 할 수 있는 반도체의 전 세계 시장 규모는 2023년 기준 5,447억 달러에 이른다. 2033년까지 1.13조 달러로 연평균 성장률이 7.64%씩 확대될 것으로 예상된다. 대표 기업으로 엔비디아, AMD, 퀄컴, 삼성, MU, TSMC, ASML 등이 있다. 특히 4차 산업혁명과 관련해 데이터 센터용 GPU가 주목받는다. GPU는 CPU에 비해 많은 종류의 데이터를 동시에 처리할 수 있으며 복잡하고 비구조적인Unstructured 정보를 빠르게 처리해야 하는 딥러닝에 유용하고 자율주행이나 로봇 개발에 적합하다. 2024년 생성형 인공지능의 발전과 함께 각광을 받고 있는 데이터 센터 인공지능 반도체 시장을 포함한 GPU 시장의 규모는 653억 달러이며 2029년 2,742억 달러 시장으로, 매년 33.2%씩 성장할 것으로 예상된다. 2024년 현재 PC 부문의 GPU 점유율은 인텔 60%, 엔비디아 21%, AMD 19%이지만, 전 세계 GPU 시장은 데이터 센터, 암호화폐 채굴, 슈퍼컴퓨터 등에 힘입어 엔비디아가 88%, AMD가 12%를 점유하고 있다. 엔비디아의 GPU는 아마존, 구글, IBM, 마이크로소프트, 테슬라 등 클라우드와 데이터 센터, 자율주행, 로봇을 이용하는 곳에 사용되고 있다. 크게 나누어서 컴퓨터, 클라우드, 데이터 센터에서의 훈련Training과 '인퍼런스Inference'라고 불리는 실제 적용 및 예측 결정을 도와주고 있다.

반도체

최근 인공지능의 기하급수적 발전은 시스템 반도체 회사인 엔비디아의 매출 상황에서도 엿볼 수 있지만 엔비디아의 고성능 반도체를 제조하는 파운드리Foundry 업체 TSMCTaiwan Semiconductor Manufacturing Company의 매출 현황에서도 볼 수 있다. 2024년 4월 TSMC는 인공지능으로 인한 수요가 60%나 증가했고, 공급이 지체될 정도로 2025년까지 주문이 밀려 있다고 한다. 2024년 대선에 트럼프 후보가 나오며 대만의 안보가 위협되면서 삼성과 인텔의 파운드리가 주목받고 있는 상황이다. 인공지능 발전과 함께 복잡한 인공지능 프로그램들을 대규모로 처리하기 위해 HBMHigh-Bandwidth Memory DRAM 메모리 표준이 각광받고 있는데, 한국의 SK하이닉스와 삼성, 그리고 미국의 MU 마이크론 테크놀로지가 주도적으로 생산하고 있다.

인공지능 반도체의 디자인은 ARM, 엔비디아, 인텔, AMD 등이 하고 있고, 아마존, 메타, 마이크로소프트, 구글도 자체 칩을 디자인 제작하며 경쟁이 심화되고 있는 현실이다. 인공지능 데이터 센터 네트워크와 소프트웨어는 엔비디아, 브로드컴Broadcom, 시스코Cisco 등이 맡아 하고 있으며, 데이터 센터 서버와 저장 및 관리는 SMCISuper Micro Computer, 델Dell, HPEHewlett Packard Enterprise가 주로 하고 있다.

주목할
미국 기업

★★★ 엔비디아 ★★★

엔비디아NVIDIA, NVDA는 과학적 계산Scientific computing, 인공지능, 데이터 사이언스Data science, 자율주행Autonomous vehicles, 로보틱스Robotics와 증강·가상 현실 플랫폼을 위한 GPU 기술을 발전시켜왔다. 엔비디아는 2가지 분야에 집중하는데 첫 번째는 게임과 컴퓨터를 위한 지포스GeForce GPU 같은 그래픽 영역과 지포스 나우Geforce Now 같은 게임 스트리밍 서비스와 관련 기반 시설, 그리고 게임 플랫폼을 위한 솔루션과 워크스테이션Workstation 그래픽이다. 두 번째는 컴퓨터와 네트워크 영역이다. 인공지능, 고성능·초고속 컴퓨팅을 위한 데이터센터 플랫폼과 시스템, 그리고 멜라녹스Mellanox 네트워크, 상호 연결 솔루션, 암호 화폐 채굴 프로세서Cryptocurrency mining processors 개발을 포함한다.

2023년 1분기부터 급격하게 매출이 증가한 엔비디아는 2024년 1분기 현재 260억 달러 매출을 기록하며 이전 분기보다 18%나 매출을 증가시켰다. 대부분이 데이터 센터의 매출 증가 덕택인데 226억 달러로 이전 분기에 비해 23%나 증가했다. 자동차 분야도 3억 달러로 17%나 이전 분기보다 매출이 증가했다. 다른 게임이나 시각화 분야는 매출이 감소했다. 주당순이익은 2024년 1월 현재 2.72달러이며, 2025년 3.67달러, 2026년 4.33달러, 2027년 5.49달러가 예상된다. 주당순이익은 향후 5년 동안 33.48%씩 성장을 보여줄 것으로 예상된다. 배당은 0.03%이고 분기별(1월, 4월, 7월, 11월)로 제공한다. 2024년 1월 현재 PER은 71.36으로 동종 산업 평균인 24.13보다 높다. 매출 성장률은 81.51%로 동종 산업 평균 6.72%보다 높다. 총마진율은 75.29%이고 ROE는 115.56%로 높다. 2024년 1분기 현재 엔비디아의 적정 주가는 118달러이다.

로봇

4차 산업혁명과 관련해 빼놓을 수 없는 것이 로봇Robot이다. 어려서부터 만화영화 속에서 마징가Z, 로보트 태권브이, 매칸더 V 등 많은 로봇을 접했지만, 산업용 이외의 로봇이 우리 생활 속으로 들어오기 시작한 것은 최근의 일이다. 2016년에는 보스턴 다이내믹스의 로봇 개 스팟Spot과 인간처럼 걸어 다니며 문도 열고 물건도 나르는 아틀라스Atlas가 선보였다. 2017년에는 샌프란시스코에서 로봇이 운영하는 커피숍 카페XCafé X가 소개되었으며 2020년 뉴욕의 식당에서는 벨라봇BellaBot이라는 로봇이 서빙을 수행하기 시작했다. 병원 수술실에서는 인튜이티브서지컬의 다빈치Da Vinci 로봇이 수술하고 있다.

로봇은 슬라브어로 '노동Labor'이란 뜻이다. 로봇이라고 불리는 전기 자동 로봇은 1948년 영국의 윌리엄 그레이 월터William Grey Walter가 개발했다. 디지털화되어 프로그램을 넣을 수 있는 로봇은 1954년에 유니메이션Unimation의 조지 디볼George Devol이 개발했다. 1961년 GM은 뉴저지에서 이 로봇을 용광로에서 건진 뜨거운 철 조각을 접합하는 데 사용했다. 로봇은 인간이 할 수 없는 위험한 일이나 반복적인 일을 도와왔고 바다와 우주 등 인간이 일할 수 없는 환경에서 인간의 노동을 대체해나갔다.

실제 인간이 조종하지 않는 인공지능 로봇이 인간처럼 움직이기 시작한 지는 얼마 되지 않는다. 로봇에는 프로그램이 입력돼 있어 인간처럼 움직이는 것과 자동화된 기능을 수행하며 노동을 돕는 것이 있다. 기능별로 보면 혼다의 아시모ASIMO나 테슬라가 개발하고 있는 옵티머스 같은 휴머노이드Humanoid, 산업용 로봇(전통적인 산업용Traditional Industrial 로봇, 수직 다관절Articulated 로봇, 스카라SCARA 로봇, 병렬Parallel 로봇, 델타Delta 로봇, 직교Cartesian 로봇, 리니어Linear 로봇, 갠트리Gantry 로봇, 원통 좌표계Cylindrical 로봇, 극좌표계Spherical 로봇, 스윙암Swing-arm 로봇, 협동Collaborative 로봇 등), 수술용 로봇, 보조 로봇, 치료 로봇, 드론, 나노 로봇, 군사용 로봇,

광산 로봇 등으로 나눌 수 있다. 자율주행 자동차도 일종의 로봇이라고 볼 수 있다. 로봇 산업은 디자인, 제조, 운영, 프로그램, 컴퓨터 시스템, 센서 등으로 나뉜다. 현재는 인공지능도 탑재하고 있다.

전 세계 로봇 시장은 2024년 현재 428억 달러 규모로 추정된다. 미국에서의 매출은 97억 달러 정도이다. 2028년까지 매년 11.25%의 성장을 보여 659억 달러까지 증가할 것으로 예상된다. 2024년 테슬라의 옵티머스로 인해 주목을 받고 있는 휴머노이드 시장은 골드만삭스에 따르면 2025년까지 380억 달러 시장으로 확대될 것으로 예상된다.

일본, 중국, 인도 등이 자동화에 가속이 붙으며 전 세계 로봇 시장을 이끌고 있다. 북아메리카 시장도 꽤 발전할 것으로 기대되며, 특히 미국에서 높은 산업 수요가 기대된다. 최근 들어 산업용 로봇 시장이 상당히 성장하고 있으며 스마트 생산 체제를 채택하면서 더욱 커지고 있다. 음식료 사업에서도 진전이 있으며 직장에서도 많이 쓰고 있다. 연구개발 투자도 늘고 있다. 스마트 공장과 산업용 로봇의 발전으로 산업 전반의 모습이 바뀌고 있으며, 소위 '코봇Cobot'이라 불리는 협동 로봇과 인공지능 로봇 등이 발전하며 4차 산업혁명을 이끌고 있다.

대표 기업으로는 스위스의 ABB, 스토브리Stäubli, F&P로보틱스F&P Robotics, 일본의 화낙FANUC, 야스카와YASKAWA, 미쓰비시Mitsubishi, 가와사키Kawasaki, 덴소Denso, 나치-후지코시NACHI-FUJIKOSHI, 세이코 엡손Seiko Epson, 독일의 쿠카KUKA, 듀어Dürr, B+M 서피스시스템B+M SURFACE SYSTEMS, 리씽크로보틱스Rethink Robotics, 프랑카 에미카Franka Emika, 보쉬렉스로스Bosch Rexroth, 덴마크의 유니버설 로봇Universal Robots, 이탈리아의 코마우Comau, 미국의 ICR 서비스ICR Services, 로봇워크스RobotWorx, 네덜란드의 IRS로보틱스IRS Robotics, 보스턴다이내믹스Boston Dynamics를 인수한 한국의 현대로보틱스Hyundai Robotics, 중국의 시아순로보틱스Siasun Robotics, 푸두로보틱스Pudu Robotics, 대만의 테크맨 로봇Techman Robot 등이 있다.

주목할
미국 기업

★★★ 인튜이티브서지컬 ★★★

외과 수술용 로봇을 만드는 대표적 회사인 인튜이티브서지컬Intuitive Surgical, ISRG은 캘리포니아주 서니베일Sunnyvale에 있으며 1995년에 설립되었다. 인튜이티브서지컬은 미국을 포함한 전 세계 의료 서비스의 질을 높이고 최소 침습Minimally invasive(절개를 최소한으로 하는 것) 수술용 제품의 개발·제조·판매 활동을 하고 있다. 대표 상품인 다빈치 수술 시스템Da Vinci Surgical System은 최소 침습으로 복잡한 수술을 할 수 있게 도와주고 이온 관강 시스템Ion endoluminal system은 최소 침습으로 폐 조직 검사를 할 수 있게 도와준다. 그리고 이러한 시스템의 설치·수리·훈련·유지를 지원하며 종합적인 디지털 시스템을 통해 통합적이고 연결된 서비스를 제공한다.

2024년 현재 1만 3,676명을 고용하고 있다. 매출은 2024년 80억 달러, 2025년 93억 달러, 2026년 107억 달러가 예상된다. 2024년 8월 현재 순이익은 19억 달러를 기록하고 있다. 2024년 8월 현재 주당순이익은 5.63달러이며 2025년 7.35달러, 2026년 8.57달러가 예상된다. 주당순이익은 3년간 15.64%씩 증가할 것으로 예상된다. 총마진율은 66.43%이다. PER은 71.28로 동종 업계 평균 20보다는 높다. 인튜이티브서지컬의 적정 주가는 330달러 정도이다.

바이오테크

보스턴에 살던 당시 제약 회사에서 일하는 많은 한국인 박사들과 대화할 수 있었다. 대부분의 제약 회사는 MIT와 하버드대학 사이 케임브리지에 모여 있었고, 보스턴의 MGHMassachusetts General Hospital와 하버드 의대, 보스턴아동병원Boston Children's Hospital 근처 128도로 주변에도 있었다. 경기가 안 좋을 때는 수천 명씩 해고하는 구조조정의 대상이 되기도 했지만 퇴직한 직원들이 쉽게 다른 제약 회사에 일자리를 구하곤 했다. 이들 대부분 항암제를 연구·개발했고, 줄기세포와 치매약 개발에 종사하는 이들도 있었다.

4차 산업혁명의 또 다른 흐름은 바이오테크Biotechnology 분야에서 오고 있다. 이는 응용과학의 일종으로 생명공학, 분자생물학 등의 과학과 기술의 발전이 합쳐져 의료Healthcare와 제약 분야의 발전을 꾀하고 있다. 최근 들어 유전자DNA 치료, 유전자 편집을 통해 만든 약, 병충해에 강한 농작물, 에탄올 같은 바이오 연료Biofuel, 유전자 복제 등이 각광을 받고 있다.

바이오테크 회사는 살아 있는 유기체Living organisms로 약을 개발하고 제약 회사는 화학적 방법으로 약을 만든다. 하지만 바이오테크 회사나 제약 회사는 유기체와 화합물 둘 다 사용하기도 한다. 바이오테크 분야 기업으로 엑셀리시스Exelixis, 노바백스Novavax, 리제네론Regeneron Pharmaceuticals, 길리어드 사이언스Gilead Sciences, 암젠Amgen, 바이오젠Biogen, 셀진Celgene, 액솜Axsome 등이 있고, 제약 분야 기업으로는 존슨앤드존슨Johnson & Johnson, 로슈Roche, 화이자, 노바티스Novartis, 머크 등의 대기업이 있다. 중소형 기업도 많이 있는데 주로 대기업과 협력해 일한다.

바이오 주식은 위험한 투자처로 알려져 있다. 새로운 치료제와 방법을 개발하는 데는 연구개발 투자와 임금 등 많은 초기 운영 비용이 들고 10년에서 15년 정도의 긴 시간이 걸린다. 그 사이에는 매출이 거의 발생하지 않는다. 어떤 나라는 유전자 변형 약물과 식물을 아예 금지하기도 하고, 미국식품의약국FDA의 승인을 받는 데도 오랜 시간과 광범위한 서류 제출이 필요하다. 개발 중간의 임상 단계에서 실패하는 경우도 비일비재하다. 따라서 위험을 줄이기 위해 ETF에 종합적으로 투자하는 것을 권하기도 한다.

　바이오주의 경우 전형적인 밸류에이션 방법인 PER이나 EBITDA를 보는 것이 적절하지 않다. 비용에 기반을 둔 밸류에이션 방법(예를 들어 총자산 EV를 연구개발 비용으로 나누는 것)으로 비교·분석하는 것이 적절하다. 적절한 할인율Discount rate을 적용한 절대적 밸류에이션 방법인 DCFDiscounted Cash Flow 방식을 쓰는 것도 좋다. 또한 개발 중인 것(파이프라인)의 규모가 얼마나 되는지, 개발 단계(임상 단계)에서 회사가 수익을 내고 있는지도 확인하는 게 좋다.

주목할 미국 기업

★★★ 인텔리아 ★★★

매사추세츠주 케임브리지에 있는 인텔리아Intellia, NTLA는 2014년에 설립되어 485명의 직원을 거느리고 있다. 유전자 편집 회사인 인텔리아는 경쟁 회사 크리스퍼Crispr Therapeutics나 빔Beam Therapeutics처럼 크리스퍼CRISPR 방식을 이용해 백혈병 같은 희귀 유전자병 치료제 개발에 힘쓰고 있다. 체내에서 유전자를 직접 편집하고 치료하는 인비보In vivo 방식을 사용한다. 대표적인 치료 방법인 NTLA-2001은 단백질 병인 트란스티레틴 아밀로이드증Transthyretin amyloidosis을 치료하기 위한 것이고 임상 1단계에 있다. NTLA-2002는 피와 림프액의 흐름을 막는 유전성 혈관부종Hereditary angioedema, 혈우병, 간질병 등을 치료하기 위해 개발하고 있다. 몸 바깥에서 치료하는 NTLA-5001은 백혈병Acute myeloid leukemia 치료를 위해 개발하고 있다. 다른 항암제도 개발하고 있다.

2024년 8월 현재 매출은 5,260만 달러이고 2025년 5,976만 달러, 2026년 1억 1,609만 달러가 예상된다. 2024년 주당순이익은 -5.07달러, 2025년 -5.48달러, 2026년 -5.62달러, 2027년 -0.06달러로 예상되며 2028년에 흑자 전환할 것으로 예상된다. 2024년 1분기 현재 적정 주가는 25달러 정도이다.

드론, 우주 산업

개인용 소형 드론이 하늘을 날아다니는 세상이 왔다. TV 화면은 드론으로 촬영한 영상들로 넘쳐난다. 내가 보스턴에 살 때부터 드론에 의한 사생활 침해 문제가 등장했다, 아프가니스탄에서 군사용 드론이 민간인들을 폭격했다는 이야기도 나왔다. 드론은 2차 세계대전 이후부터 개발되기 시작했고 1970년대에 중동전쟁과 베트남전에서 미국과 이스라엘이 본격적으로 사용했다. 2022년 우크라이나 전쟁에서도 드론 부대들이 적극적으로 활용되고 있다.

드론의 정식 명칭은 무인 항공기Unmanned Aerial Vehicle, UAV이다. 인간 조종사나 승무원 없이 날아다니는 비행기라고 보면 된다. 드론은 현재 사람이 땅에서 원격 조정을 한다. 비가시권Beyond Visual Line Of Sight, BVLOS이라는 개념은 사람의 시야 밖으로까지 날아가 비행하는 것을 의미한다.

UAV는 보통 군사용 드론을 의미하지만 상업용·개인용 드론을 포함하기도 한다. 사진·영상 촬영, 사격, 폭격, 배달, 농업, 정찰, 기반 시설 조사, 과학 연구, 엔터테인먼트 등에 쓰이고 있다. 미 국방부는 드론을 5개 그룹으로 나누기도 한다. 무게 20파운드(약 9킬로그램) 미만의 작은 드론(그룹 1), 20~55파운드(약 25킬로그램)의 중형 드론(그룹 2), 55~1,320파운드(약 599킬로그램)의 큰Large 드론(그룹 3), 무게 1,320파운드 이상이며 고도 1만 8,000피트(약 5,486미터) 미만으로 비행하는 더 큰Larger 드론(그룹 4), 마지막으로 무게 1,320파운드 이상이며 고도 1만 8,000피트 이상으로 비행하는 가장 큰Largest 드론(그룹 5)이다.

4차 산업혁명의 발전과 함께 사람의 개입 없이도 클라우드, 디지털 관측, 인공지능, 머신러닝, 딥러닝, 온도 센서 등의 도움을 받으며 자율비행하는 것이 가능해졌다. 2020년에는 카구2Kargu2 드론이 리비아에서 자율적으로 사람을 찾아 죽이는 사건이 유엔에 의해 보고되었다. 첫 번째 자율비행 킬러로봇Killer robot이라고 볼 수 있다. 드론은 또한 NASA의 우주 탐험에도 채택되고 있다. 잠자리 모양의 드래곤플라이Dragonfly 우주선을 개발하고 있고 토성의 달인 타이탄을 탐사할 예정이다.

미국의 군사용 드론 기업에는 보잉Boeing, 록히드마틴Lockheed Martin, 에어로바이런먼트AeroVironment, 크라토스Kratos 등이 있다. 상업용·개인용 드론 시장은 현재 중국 회사들이 강세를 보인다. 중국 드론 회사 DJI가 2018년 기준 전 세계 점유율 74%를 차지하고 있고 그 뒤를 프랑스 회사 패럿Parrot이 따르고 있다. 캐나다 상업용 드론 기업으로는 드래곤플라이Draganfly, 플리머스록Plymouth Rock, 미국 기업으로는 에이지이글AgEagle이 있다. 미국은 정부용으로는 중국 드론의 구매를 금지했다. 2021년 5월 현재 87만 3,576대의 드론이 미국 항공국Federal Aviation Commission, FAA에 등록되었다.

미국 드론 산업은 2016년 FAA가 미국 내에서 드론을 생산·운영하는 회사에 수백 개의 새로운 면제 사항Exemption을 제공하면서 큰 붐을 이루었다. 보험, 건축, 농업 등에서 상업용 드론의 사용을 허용했다. 드론 서비스 시장은 2020년 192.3억 달러 규모였고, 2025년까지 636억 달러까지 성장할 것으로 예상된다. 드론 관련 전체 시장은 1,000억 달러 규모로 추산된다. 2023년까지 배달용 드론은 총 240만 대에 달할 것으로 보인다. 상업용 드론은 2022년 8월 현재 81.5억 달러 시장이고, 2029년까지 473.8억 달러에 이르는 매년 28.58%의 성장을 보여줄 것으로 전망된다. 또한 건설·광산용 드론은 283억 달러 시장이 될 것이라고 한다.

주목할 미국 기업

★★★ 스페이스X ★★★

지금 우주 산업에서 가장 핫한 회사는 일론 머스크가 경영하는 스페이스X Space Exploration Technologies Corp.가 아닐까 한다. 아직 상장하지는 않았다. 2002년에 설립되었고 캘리포니아주 호손Hawthorne에 본부를 두고 있는 스페이스X는 우주선 제조 및 발사 사업, 인공위성 통신 사업을 하고 있다. 우주 탐험과 발사·운송 비용을 줄이고 화성에 정착하는 것을 목표로 한다. 팔콘9 Falcon 9, 팔콘 발사체, 로켓 엔진과 재사용 가능한 우주선, 카고드래곤 Cargo Dragon, 유인 우주선, 스타링크 Starlink 통신 위성 등을 제조한다. 스페이스X가 제공하는 스타링크는 2022년 7월 현재 소형 통신 위성 2,700개를 1,100킬로미터 궤도에 올려놓았다. 인터넷이 통하지 않는 사막과 바다 같은 불모지에서도 인터넷을 사용할 수 있게 되면 테슬라의 자율주행차들이 자유롭게 데이터를 공유하며 다닐 수 있게 해줄 것이다. 스페이스X의 거대 우주선 '스타십 Starship'은 가장 무겁게 쏘아 올릴 수 있는 재사용 가능 우주 론칭 시스템이다. 2024년 6월 네 번째 발사에서 우주로 진입하는 데 성공했고, 무사히 지구로 귀환했다. 스타십은 지금의 팔콘9, 팔콘헤비 Falcon Heavy와 드래곤을 대체할 예정이다. 놀라운 것은 스타십이 로켓과 소형 탐사선 등을 우주에 실어 나른 후 지구로 돌아와 수직 착륙해 재사용할 수 있다는 것이다.

스페이스X는 2022년 7월에 2억 5,000만 달러의 투자 유치를 더 받았고, 현재까지 총 20억 달러를 유치했다. 스페이스X의 자산 가치는 최근 몇 년간 상당히 올라 2,000억 달러에 달할 것으로 추산된다. 현재 NASA와 우주 정거장International Space Station을 위한 공급 계약을 체결하고 있고 미국 우주군의 로켓과 미사일 발사를 돕고 있다. 대한민국도 2022년에 2025년까지 5개의 인공위성을 스페이스X의 도움으로 쏘아 올리는 계약을 맺었다.

다시 오는 기회, 미국 주식이 답이다

2022년 10월 13일, 푸른 하늘 아래 빨강, 노랑, 주홍빛 단풍이 한창인 뉴저지에서 나는 이 책의 '에필로그'를 쓰고 있다. 오늘도 〈10월의 어느 멋진 날에〉를 부르며 고속도로를 달려 학교 연구실에 도착했다. 이렇게 연구실에 앉아 지나온 과거와 현재를 돌아보고 다가올 미래를 다시 한번 생각해볼 수 있어 감사하다.

오늘 아침 미국 소비자 물가 지수CPI, Consumer Price Index가 발표된다고 한다. 이 때문에 미국 주식 시장은 며칠 전부터 그 변동 폭이 극대화되고 바닥까지 떨어져 사람들의 공포심이 최고조에 달했다. 예상보다 높은 6.6%의 근원 소비자 물가 지수가 발표되자 여기저기서 사람들의 울음과 한탄 소리가 들렸다. 연방준비위원회는 물가를 2%대까지 내리겠다는 목표로 기준금리를 올해(2022년) 말까지 4.75%까지 올릴 것으로 예상되는 상황이다. 연준의 긴축적인 태도에 내년(2023년)에도 경기 침체가 예상된다. 10년물 국채 금리는 결국 4%를 넘겼고 2년물은 4.5%까지 치솟았다. 연준의 긴축적 태도는 미국의 상대적으로 좋은 경기와 함께 계속 달러 가치를 상승시키고 글로벌 기업들에 환율 부담을 주고 있다. 일할 사람이 부족한 미국의 노동 시장은 여전히 좋아 임금은 상승하고 수요가 줄지 않고 있다. 그리고 코로나로 야기되었던 공급망 문제는 아직 해결되지 않아 수요와 공급의 불균형은 여전하다.

　미국을 제외한 전 세계 또한 과도한 금리 인상으로 인해 침체를 겪는 상황이다. 우크라이나와 러시아의 전쟁은 끝날 기미를 보이지 않고 이로 인해 천연가스와 식량 가격 또한 상승하고 있으며, 유럽과 아시아는 불안한 재정 금융 상황을 보인다. 미국을 제외한 영국, 이탈리아, 일본, 중국, 한국 등 많은 선진국이 오히려 세계 시장의 불안을 더욱 증폭시키고 있다. 중앙은행 간의 긴밀한 협조가 그 어느 때보다 요구되고 있지만, 이미 2010년대 후반부터 시작된 국가 이기주의로 인해 어느 국가도 희생하려고 하지 않는 '제 코가 석 자'인 상황이다.

　지금의 불안한 상황은 2018년의 고금리와 대차대조표 축소, 미·중 갈등으로 인한 불안한 시장과 비슷해 보인다. 또한 2008년 리먼브러더스 같은 사태가 영국, 중국 등 전 세계적으로 발생할 것 같기도 하다. 그리고 지난 1년은 닷컴 버블이 터지던 2000년대 초반처럼 느껴지기도 한다. 하지만 효율적 시장은 이 모든 것들을 잘 반영하여 이전처럼 또 회복해나갈 것이라 믿는다. 지난 20년을 지켜본 결과, 전 세계 자본이 모여드는 미국 시장은 그때그때 위기 상황들을 잘 이겨내며 우상향해왔다. 도태된 기업도 있지만 위기를 잘 극복한 기업은 성장을 계속하며 기업의 자산 가치를 키워나갔고 주가는 이를 반영해 올라왔다.

지난 10여 년 동안 미국을 주도해왔던 기술과 소프트웨어 주식들은 텐 배거가 되었고, 많은 대형 우량주들은 미국의 시총을 이끌고 있다. 이들은 연구개발 투자를 계속하고 있고 4차 산업혁명 또한 주도하고 있다. 실리콘밸리와 원트웬티에이트(128도로) 주변에서는 계속해서 새로운 성장 기업들이 세워져 미래 산업을 연구하고 신제품을 개발하며 전 세계 투자자의 투자 대상이 되고 있다. 또한 미국은 아직도 정치, 경제, 사회, 문화적으로 전 세계적 리더십을 발휘하고 있으며 미국 기업들은 4차 산업혁명 분야에서 전 세계를 주도하고 있다. 그리고 이 흐름은 향후 10년간 쉽게 변하지 않을 것이라고 본다.

워런 버핏 같은 투자의 대가들은 매년 위기의 순간을 겪어왔다. 그리고 평균 10년에 한 번씩 오는 대위기의 상황도 겪었을 것이다. 그때마다 저평가된 주식들을 사들여 지금의 거대한 부를 이루었을 것이다. 앞으로의 시대 상황과 발전 방향을 바라보고 최근과 같은 시장 위기 상황에서 가격이 낮아진 전망 있는 회사의 주식들을 조금씩 사 모으다 보면 우리도 대가들과 같은 큰 부를 이루어 경제적 독립을 이룰 수 있으리라고 본다.

마지막으로 4차 산업혁명 시대에 미국 주식을 열정적으로 공부하자. 좋은 기업을 발굴하고 전략적으로 자산을 잘 배분하고 위험을 지혜롭게 관리하며 목적을 가지고 장기적으로 인내하며 투자하는 것, 이것이야말로 부자가 되는 길이라 믿는다.

DoM 029

다시 오는 기회,
미국 주식이 답이다

개정판 1쇄 발행 | 2024년 8월 8일
초판 1쇄 발행 | 2022년 11월 11일

지은이 이주택
펴낸이 최만규
펴낸곳 월요일의꿈
출판등록 제25100-2020-000035호
연락처 010-3061-4655
이메일 dom@mondaydream.co.kr

ISBN 979-11-92044-49-1 (03320)
ⓒ 이주택, 2022, 2024

'월요일의꿈'은 일상에 지쳐 마음의 여유를 잃은 이들에게 일상의 의미와 희망을 되새기고 싶다는 마음으로 지은 이름입니다. 월요일의꿈의 로고인 '도도한 느림보'는 세상의 속도가 아닌 나만의 속도로 하루하루를 당당하게, 도도하게 살아가는 것도 괜찮다는 뜻을 담았습니다.
"조금 느리면 어떤가요? 나에게 맞는 속도라면, 세상에 작은 행복을 선물하는 방향이라면 그게 일상의 의미이자 행복이 아닐까요?" 이런 마음을 담은 알찬 내용의 원고를 기다리고 있습니다. 기획 의도와 간단한 개요를 연락처와 함께 dom@mondaydream.co.kr로 보내주시기 바랍니다.

intel

Microsoft

Meta

STARBUCKS

VUZIX

Walmart

Google

COSTCO
WHOLESALE

BANK OF AMERICA

★macy's

 OpenAI

NVIDIA.

amazon

Alphabet

 MERCK

INTUITIVE

Microsoft

Meta

STARBUCKS

VUZIX

Walmart

Google

Costco
WHOLESALE

BANK OF AMERICA

mac

OpenAI

NVIDIA

amazon

Alphab

MERCK

INTUITIVE

intel

Microsoft

Meta

STARBUCKS

VUZIX

Walmart

Google

COSTCO
WHOLESALE

BANK OF AMERICA

macy's

OpenAI

NVIDIA.

amazon

Alphabet

MERCK

INTUITIVE

intel

 Microsoft

∞ Meta

 STARBUCKS

VUZIX

Walmart

Google

COSTCO
WHOLESALE

BANK OF AMERICA

★mac

 OpenAI

NVIDIA.

amazon

Alphab

MERCK

INTUITIVE